どんな動物も、
あなたよりずっと多くを
知っている。

ネズパース族の言葉

はじめに

私たち人間が地球に誕生する遥《はる》か昔から、動物たちは多様な進化を遂げ環境に適応してきました。そんな動物たちの特性や行動は、「生きる」ということについて、私たちに深い知恵と大きな癒しを与えてくれます。そして、本書に登場する65種類の動物たちも、それぞれの個性を活《い》かしながら、私たちが生きる上で大切なことを教えてくれます。

挨《あい》拶《さつ》ひとつで今日が変わる

One greeting can change the day.

◀表面

動物たちが教えてくれる

「大切なこと」

裏面▶

動物たちが教えてくれる

「大切なこと」を、より深く理解したい

人は裏面を見てください。

裏面には、「大切なこと」に関わる

「偉人エピソード」と

「偉人たちの名言」が載っています。

02　挨《あい》拶《さつ》ひとつで今日が変わる

［ チェ・ゲバラ ］ アルゼンチン生まれの革命家・政治家 ｜ 1928-1967

キューバ革命の英雄、チェ・ゲバラ。彼は元々、エルネスト・ゲバラという名のアルゼンチン人で、無医村地域の貧しい患者に奉仕する医師でした。「チェ」とは相手に親しみをこめて呼びかける挨拶の言葉で、「やあ」「友よ」などという意味があります。彼はこの「チェ」をよく使うことからニックネームになり、やがて彼自身を表すシンボルとなりました。こうして多くの民衆から親しみ愛されたチェ・ゲバラは、キューバ革命を成功へと導いたのです。

人と人を結びつける「挨拶」を、日々大切にしましょう。

偉人たちの名言

私たちがみんなで、小さな礼儀作法に気をつけたなら、
人生はもっと暮らしやすくなる。
［ チャールズ・チャップリン ］ イギリスの喜劇役者・映画監督 ｜ 1889-1977

給料やストックオプションも大切だが、心のこもった言葉は、
何物にも代えることが出来ない大金に値する。
［ サム・ウォルトン ］ 米国の実業家 ｜ 1918-1992

礼儀は、魅力もあれば利益もある。
［ エウリピデス ］ 古代ギリシャの詩人 ｜ BC480頃-406頃

本書はもちろん普通の本としてもお楽しみいただけますが、すべてのページが切り離せる作りになっています。

お気に入りのページを、好きな場所に貼ったり、家族や友人にあげることもできます。

家族や友人に

いつも目に
つくところに

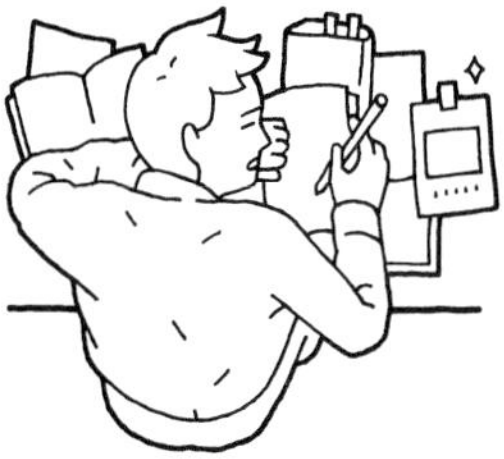

部下へのアドバイスとして

みんなの見えるところに

本書に登場する動物たちは、いつもあなたのそばにいて
人生に喜びと癒しを与えてくれることでしょう。

もくじ

65種類の動物は7つのカテゴリーに分けられており、それぞれのカテゴリーに関する「大切なこと」を教えてくれます。裏面の冒頭に数字がふってありますので、最初の「スタート」から読み始めたり、気になるカテゴリーに進んだり、自由な使い方でお楽しみください。
また、動物の名前や特徴を知りたい場合は、巻末の「動物たちの紹介」をご覧ください。

START

スタート

飛ぼうと思う者だけが
飛べる

Only those who think they can fly can ever really fly.

01

飛ぼうと思う者だけが飛べる

［ 織田信長 ］ 戦国時代の武将 ｜ 1534-1582

自由奔放で豪放磊落《らいらく》な印象の強い織田信長ですが、戦に勝つために、緻密《ちみつ》な計画をしていました。特にそのことを表しているのが「桶狭間の戦い」です。信長はただやみくもに今川義元を攻めるのではなく、義元が駿河を出発したとき、簗田政綱《やなだまさつな》という家来に絶えずその動きを報告させていました。そして「義元は大高城《おおだかじょう》へ急がず南へ向きを変えて、輿《こし》を止めようとしている」という報告を受けたことで、出陣の合図を出したのです。こうして信長は、義元の2万5千の大軍にわずか2千で勝利したのですが、義元の首を取った毛利新助より簗田政綱に厚く報いました。

　どれだけ無謀に思える夢でも、必ずそこに至る道筋は存在します。夢に向かって具体的な計画を立ててみましょう。

偉人たちの名言

夢見ることができるなら、あなたはそれを実現できる。

［ ウォルト・ディズニー ］ ウォルト・ディズニー社創業者 ｜ 1901-1966

人生における大きな悦《よろこ》びは、「お前にはできない」と世間が言うことを行うことである。

［ ウォルター・バジョット ］ イギリスのジャーナリスト ｜ 1826-1877

偉大なことをなすには、実行力だけでなく、夢想力がなければならない。

［ アナトール・フランス ］ フランスの詩人 ｜ 1844-1924

挨《あい》拶《さつ》ひとつで今日が変わる

One greeting can change the day.

02

挨《あい》拶《さつ》ひとつで今日が変わる

［ チェ・ゲバラ ］ アルゼンチン生まれの革命家・政治家 ｜ 1928-1967

キューバ革命の英雄、チェ・ゲバラ。彼は元々、エルネスト・ゲバラという名のアルゼンチン人で、無医村地域の貧しい患者に奉仕する医師でした。「チェ」とは相手に親しみをこめて呼びかける挨拶の言葉で、「やあ」「友よ」などという意味があります。彼はこの「チェ」をよく使うことからニックネームになり、やがて彼自身を表すシンボルとなりました。こうして多くの民衆から親しみ愛されたチェ・ゲバラは、キューバ革命を成功へと導いたのです。

人と人を結びつける「挨拶」を、日々大切にしましょう。

偉人たちの名言

私たちがみんなで、小さな礼儀作法に気をつけたなら、
人生はもっと暮らしやすくなる。

［ チャールズ・チャップリン ］ イギリスの喜劇役者・映画監督 ｜ 1889-1977

給料やストックオプションも大切だが、心のこもった言葉は、
何物にも代えることが出来ない大金に値する。

［ サム・ウォルトン ］ 米国の実業家 ｜ 1918-1992

礼儀は、魅力もあれば利益もある。

［ エウリピデス ］ 古代ギリシャの詩人 ｜ BC480頃-406頃

愛はゴリ押し

Love through sheer force.

03

愛はゴリ押し

［ 北条政子 ］ 鎌倉時代の女性・源頼朝の正室 ｜ 1157-1225

北条政子は、父・時政の持って来る縁談をことごとく断っていましたが、時政が京都に出かけて不在の間、源頼朝と恋仲になりました。任務を終えて京都から戻った時政は、そのことを知って激怒しました。「所領も家臣もない流人《るにん》の分際に娘をやるわけにはいかない」。時政は二人の関係を引き裂くべく、政子を山木兼隆と強引に結婚させました。しかし、政子は嫁入りしたその夜、雨が激しく降りしきる中を屋敷から抜け出して、熱海伊豆山まで20キロの山道を走り抜け、頼朝と落ち合ったそうです。こうして二人は結ばれ、父・時政もその結婚を認めることになりました。

どんな障害をも乗り越える、強い想いを持ちましょう。

偉人たちの名言

愛は行動なのよ。言葉だけではだめなの。

［ オードリー・ヘップバーン ］ イギリスの女優 ｜ 1929-1993

愛は能動的な活動であり、受動的な感情ではない。

［ エーリッヒ・フロム ］ ドイツの社会心理学者 ｜ 1900-1980

愛とは、大勢の中からたった一人の男なり女なりを選んで、ほかの者は決して顧みないことです。

［ レフ・トルストイ ］ ロシアの小説家 ｜ 1828-1910

危機感がないって
ピンチだ

If you have no sense of crisis, you are already in a pinch.

04 危機感がないってピンチだ

［ マイケル・ジョーダン ］ 米国のバスケットボール選手 ｜ 1963-

マイケル・ジョーダンは12歳のときにバスケットボールを始めましたが、飛び抜けて上手い選手というわけではありませんでした。高校のバスケット部ではレギュラーになれなかったほどで、彼は当時を振り返ってこう語ります。「僕の名前が（レギュラーに）無かったとき、すごく傷ついた。でも、あの挫折がなかったら、僕は自信過剰になっていただろう」。それからジョーダンは他の選手が帰った後も練習を続け、その習慣はトッププロになってからも変わりませんでした。彼は、輝かしい成績を残して選手を引退した後にも、こんな言葉を残しています。「私は9000回以上のシュートをミスしている。300試合近く負けている。チームの勝利を決定づけるシュートを期待されながら、26回もミスした。自分の人生は失敗の連続だった」。

自分に対して危機感を持ち続けることが、能力を開花させる秘訣です。

偉人たちの名言

安心だ、問題はないと考えること自体が問題である。

［ 安藤百福 ］ 日清食品創業者 ｜ 1910-2007

将来にまったく不安がなくなれば、誰一人として
努力しなくなり、人類は絶滅してしまうだろう。

［ ドワイト・アイゼンハワー ］ 第34代米国大統領 ｜ 1890-1969

船荷のない船は不安定でまっすぐ進まない。
一定量の心配や苦痛は、いつも、だれにも必要である。

［ ショーペンハウアー ］ ドイツの哲学者 ｜ 1788-1860

おばちゃん化してない？

Turning into an "obachan"?

Note: Obachan is a humorous reference to a middle-aged woman.
Among the stereotypes, one is that obachans chat non-stop about trivial matters.

05

おばちゃん化してない？

［ エリザベス２世 ］　イギリスの女王 ｜ 1926-

厳格さと親しみやすさを併《あわ》せ持ち、イギリス国内でも人気の高いエリザベス２世。彼女は80歳を超える高齢ながら、機械にとても詳しい人です。ウィリアム王子が遊んでいるのを見て任天堂のゲーム機「Wii」にハマったことがあったり、携帯電話を手にしたときはあっという間に操作に慣れ、スマートフォンも軽々と使いこなしたそうです。愛用のiPodは色違いで何台も所有し、クリスマス恒例の国民向けメッセージをインターネットのYouTubeを使って流したこともありました。

　好奇心を持って色々な物事に取り組むことで、いつまでも若さを保つことができます。

偉人たちの名言

老いたから遊ばなくなるのではない。
遊ばなくなるから老いるのだ。

［ バーナード・ショー ］　イギリスの劇作家 ｜ 1856-1950

20歳だろうと80歳だろうと、学ぶことをやめた者は
老人である。学び続ける者は若さを保つことができる。

［ ヘンリー・フォード ］　フォード・モーター社創業者 ｜ 1863-1947

始めることさえ忘れなければ、人はいつまでも若くある。

［ マルティン・フーバー ］　オーストリアの社会学者 ｜ 1878-1965

大切なのは、適応力

What is important is adaptability.

06

大切なのは、適応力

[坂本龍馬] 江戸時代末期の志士 | 1836-1867

龍馬の性格を表すこんなエピソードがあります。当時、土佐では長刀を差すのが流行っており、龍馬の知人の檜《ひ》垣《がき》清《きよ》治《はる》も流行の長刀を自慢げに引きずっていました。しかし、龍馬は檜垣に「敵と接近したとき、長刀は役に立たん。こいつの方が有効だ」そう言って短刀を見せました。檜垣も素直な男で長刀をやめて、しばらくして龍馬と会ったときに「俺も短刀にしたよ」と告げました。すると龍馬は懐からピストルを取り出して言いました。「短刀よりこちらの方が速い。これからは刀より弾丸の時代になる」。それから月日が流れ、檜垣が再び龍馬に会ったとき、彼は武器の代わりに一冊の本を持っていました。龍馬は言いました。「これは国際法の書物だ。武力だけでは世界の列強と渡り合っていけない」。

時代や環境に合わせて自分を変化させる柔軟性を身につけましょう。

偉人たちの名言

人間は何にでも成れる動物だ、何事にも慣れる存在だ。

[ドストエフスキー] ロシアの小説家 | 1821-1881

人々が自分に調和してくれるように望むのは
非常に愚かだ。

[ゲーテ] ドイツの劇作家 | 1749-1832

ローマにいるなら、ローマ人のように行動せよ。

[アウグスティヌス] 神学者・哲学者 | 354-430

隠し事はバレる

Secrets will get exposed.

07

隠し事はバレる

［ 円山応挙《まるやまおうきょ》 ］ 江戸時代の絵師 ｜ 1733-1795

円山応挙は人一倍、リアルな描写にこだわりました。そのことを示すこんなエピソードがあります。円山が馬の絵の看板を描いたとき、その看板をずっと眺めていた男がこう言いました。「私は馬方（馬で荷物の運搬をする人）なので、馬を見る目はあるつもりです。これまで高名な絵描きの馬の絵を随分見てきましたが、みんな得体の知れない獣を描いていました。馬らしい馬を見たのはこれが初めてです」。その男は続けて言いました。「しかし、残念なことにこの馬は一ヶ所だけ描き違えています。鼻は一歳の馬の鼻ですが、爪は二歳の馬の爪です」。──実は、円山は一度馬の絵を描いた後に鼻の形を手直ししていたのでした。彼はその指摘に深く反省し、より厳しく写生に臨むようになったといいます。

どんな小さなことでも、見る人が見れば分かるものです。誰も見ていなくても、誠実に行動しましょう。

偉人たちの名言

嘘をついて得られることはひとつだけ。
真実を言うときも信じてもらえぬことだ。

［ アイソーポス ］ 古代ギリシャの寓話作家 ｜ BC619-564頃

ひとつの嘘を本当らしくするためには、
七つもの嘘を必要とする。

［ マルティン・ルター ］ ドイツの神学者 ｜ 1483-1546

長持ちする幸福は、正直のなかにだけ見出される。

［ リヒテンベルク ］ ドイツの科学者 ｜ 1742-1799

ガオーよりエガオー!

Rather than growl, show your smiley face.

08

ガオーよりエガオー!

[徳川家康] 江戸時代の武将 | 1543-1616

徳川家康が京都の二条城に身を置いていた頃、町内で家康を侮《ぶ》辱《じょく》する落書きが多発しました。亡き秀吉びいきの住民たちが、家康に不満を持っていたのです。家来たちは犯人探しを申し出ますが、家康は「ほうっておけ」と言いました。そして、その落書きを集めて持ってくるように命じました。「落書きは、はしたないことではあるが､私の心得になることもある」。家康は常々「堪忍は無《ぶ》事《じ》長久《ちょうきゅう》の基《もと》。怒りは敵と思え」と言っていました。江戸幕府が260年もの長きにわたって続いたのは、彼のこういった性格が継承されていった結果なのかもしれません。

人に恐怖心を抱かせるのではなく、温かい対応を心がけましょう。

偉人たちの名言

琴は、優しく弾く手には素直に従うが、
荒々しく奏でる者には調子はずれの音を出す。

[ホメーロス] 古代ギリシャの詩人 | 紀元前8世紀頃

怒りは他人にとって有害であるが、
憤怒にかられている当人にはもっと有害である。

[レフ・トルストイ] ロシアの小説家 | 1828-1910

仕事をするときは、上機嫌でやれ。
そうすれば仕事もはかどるし、体も疲れない。

[アドルフ・ワーグナー] ドイツの経済学者 | 1835-1917

あわてない。
あわてない。

Don't rush, don't rush.

09

あわてない。あわてない。

[アントニオ・ガウディ]　スペインの建築家 | 1852-1926

アントニオ・ガウディは31歳でサグラダ・ファミリア聖堂の主任建築家に任命され、62歳を過ぎてからは他の一切の仕事を断ってこれに打ち込みました。壮年から晩年にかけて40年以上をこの建築に費やした彼は、事故死する直前、サグラダ・ファミリアで仕事を終えたあと職人たちにこんな言葉を伝えたそうです。

「諸君、明日はもっと良いものをつくろう」。

サグラダ・ファミリアがすべて完成するのは今から100年先、200年先ともいわれています。気が遠くなるような月日ですが、これからもガウディの想いは誰かの手によって引き継がれていくでしょう。

偉大な目標はすぐには達成できません。ゴールまでの道のりを楽しみながら、ゆっくりと進み続けましょう。

偉人たちの名言

人間のあらゆる過ちは、全て焦りから来ている。
周到さをそうそうに放棄し、もっともらしい事柄を
もっともらしく仕立ててみせる、性急な焦り。

[フランツ・カフカ]　オーストリアの小説家 | 1883-1924

険しい丘に登るためには、
最初にゆっくり歩くことが必要である。

[ウィリアム・シェイクスピア]　イギリスの劇作家 | 1564-1616

急ぎは失敗の母である。

[ヘロドトス]　古代ギリシャの歴史家 | BC485-420

CHALLENGE

挑戦

波を起こせ

Make a splash.

10

波を起こせ

［ リチャード・ブランソン ］ ヴァージングループ創業者 ｜ 1950-

音楽、鉄道、飲料、航空……あらゆる業界に挑戦してきた起業家リチャード・ブランソン。その始まりはいつも彼の「既存のサービスへの不満」からでした。音楽レーベルを立ち上げたのは、自分が好きなアーティストのアルバムを制作するレーベルが存在しなかったからで、航空会社を立ち上げたきっかけは、自分が乗るはずだったフライトがキャンセルになり、航空会社のシステムに不満を覚えたからでした。「自分なら多くの人の生活を変えられる」──ブランソンはそう考えて、いつも新たな分野に挑戦し、今までにないサービスを提供してきたのです。

「既存」に対する不満と挑戦が、世界に改革《イノベーション》をもたらします。

偉人たちの名言

わけのわかった人は、自分を世の中に適合させる。
わからず屋は自分に世の中を適合させようと頑張る。
だからすべての進歩はわからず屋のおかげである。

［ バーナード・ショー ］ イギリスの劇作家 ｜ 1856-1950

新しいものを考えついた人も、それが成功するまでは
ただの変人にすぎない。

［ マーク・トウェイン ］ 米国の小説家 ｜ 1835-1910

天才の特徴は、凡人が敷いたレールに
自分の思想をのせないことである。

［ スタンダール ］ フランスの小説家 ｜ 1783-1842

やるシカない!

Dear, you just gotta do it!

11　やるシカない!

［ 本田宗一郎 ］　HONDA 創業者　|　1906 - 1991

1970 年に大気浄化法、通称「マスキー法」が改正され、従来の排ガスから CO（一酸化炭素）、HC（炭化水素）、NOx（窒素酸化物）の量を 10 分の 1 以下にしなければならないという厳しい基準が設けられました。当時は、世界中のどのメーカーもこの基準を達成するのは不可能だろうといわれていました。そんな最中、本田宗一郎は、排ガス対策チームの社員が文献ばかりを調べているのを見て「お前らは、もたもた考えているばかりで何も行動を起こさない。俺だったらすぐにやってみる!」と怒鳴りつけたといいます。こうして宗一郎の叱咤激励を受けながら、社員たちはマスキー法合格第一号となる CVCC エンジンを開発し、四輪車では後発だったホンダは世界をリードする存在になりました。

　どれだけ前途多難に思えることも、「やるしかない!」と腹をくくって前進することで道は開けます。

偉人たちの名言

なまじ知識があると、しゃにむに突進する気迫が、のうなります。
しかし“断じてやる”と決めてやってみれば、案外できるものです。
［ 松下幸之助 ］　松下電器創業者　|　1894 - 1989

私は気分が乗るのを待ったりしない。
そんなことをしていては何も達成できないから。
とにかく仕事に取りかかるのだという意識が必要なのだ。
［ パール・バック ］　米国の小説家　|　1892 - 1973

さあ、諸君。のちに世界中が語ることになるかもしれない
何かを、今日しようではないか。
［ カスバート・コリングウッド ］　イギリスの海軍提督　|　1748 - 1810

人生ヘッドスライディング

Life is about headfirst sliding.

12

人生ヘッドスライディング

［ **グラハム・ベル** ］ スコットランドの発明家 ｜ 1847 - 1922

1870 年代、電線を使って人の声を送信する方法を研究していた二人の人物がいました。この二人、グラハム・ベルと、エリシャ・グレイはまったく同じ日、1876 年 2 月 14 日に特許申請を行ったのです。でも、そのアプローチに違いがありました。ベルは自ら特許庁に足を運び、その日で五人目の申請者でした。ところが、グレイは弁護士を代わりに行かせ、ベルより一時間以上遅れるのみならず、予備申請をしたに過ぎなかったのです。後に裁判でグレイは「自分が先に電話を発明した」と主張しましたが、ベルが先に特許申請した事実を否定することはできませんでした。

　ほんのわずかな時間が命運を分けることがあります。やると決めたら全力で動きましょう。

偉人たちの名言

この地上ではなすべき事が実に多い、急げ。

［ ベートーヴェン ］ ドイツの作曲家 ｜ 1770 - 1827

一旦《いったん》やろうと思い立ったことは気乗りがしないとか
気晴らしがしたいなどという口実で延期するな。
直ちに、たとい見せかけなりとも、とりかかるべし。

［ レフ・トルストイ ］ ロシアの小説家 ｜ 1828 - 1910

人は両端の燃えているローソクのようでなければならない。

［ ローザ・ルクセンブルグ ］ ポーランドの政治理論家 ｜ 1871 - 1919

魔法はない。
頭がある。

No magic. Just brains.

13

魔法はない。頭がある。

［ タレス ］ 古代ギリシャの哲学者 ｜ 紀元前 624-546 頃

古代ギリシャの七賢人に数えられるタレスは、明晰《めいせき》な頭脳を持ちながらも貧しい暮らしをしていたので、周囲から「哲学などやっても何の足しにもならないのに」と揶《や》揄《ゆ》されることがありました。そんな周囲の人たちを見返したいと考えた彼は、研究していた天文学から来年のオリーブの生産が豊作になることを予想しました。そこで冬のうちからオリーブの圧搾《あっさく》機を買い占めておいて、収穫の時期にそれらを貸し出すことで巨万の富を得たといいます。当時の人々から見れば、彼の予測は魔法のように思えたことでしょう。

魔法を使わなければ解決しないように思える問題も、頭を使うことで乗り越えることができます。

偉人たちの名言

99%の汗が実るのは、1%の閃きを大切にしたときだ。

［ トーマス・エジソン ］ 米国の実業家・発明家 ｜ 1847-1931

企業にとって何より大事なのは、
新しい生きたアイデアをどう生むかだ。

［ ピーター・ドラッカー ］ オーストリアの経済学者 ｜ 1909-2005

頭脳は過去の記録の博物館でもなければ、現在のがらくた置き場でもない。将来の問題についての研究所なのだ。

［ トーマス・フラー ］ イギリスの神学者 ｜ 1608-1661

ビッグマウスでいこう

Have a big mouth.

14 ビッグマウスでいこう

[モハメド・アリ]　米国のボクサー ｜ 1942-

試合前に「蝶のように舞い、蜂のように刺す！」と叫ぶパフォーマンスで有名なモハメド・アリ。彼はソニー・リストンとのヘビー級タイトルマッチに挑むときも、メディアの前で「自分は必ず勝つ」と繰り返し、挙句の果ては「もうしゃべるのは飽きた。早く戦わせて欲しい。勝てなかったら、俺はこの国を出ていく」とまで言い放ちました。しかし、彼は後にこう語っています。「あの試合はリングに立つのが怖かった」。恐怖心を乗り越え、自分を鼓舞するために、モハメド・アリは繰り返し自分の勝利を宣言したのでした。

　挑戦するのが不安なときほど、自分を勇気づける言葉を口にしてみましょう。

偉人たちの名言

傲慢《ごうまん》だって？　オレは本当のことを言っているだけだ。

[マイルス・デイヴィス]　米国のジャズトランペッター ｜ 1926-1991

自分は有用な材であるという自信ほど、
その人にとって有益なことはない。

[アンドリュー・カーネギー]　米国の実業家 ｜ 1835-1919

気高い誇りには、謙遜よりも
才能を発揮させるものがある。

[ジャン・パウル]　ドイツの小説家 ｜ 1763-1825

行くぜ、海外

Let's go abroad.

15 行くぜ、海外

[鑑真] 中国の僧侶 | 688-763

唐の僧侶、鑑真は14歳で出家し、江南《こうなん》第一の大師とされていました。しかし、日本から来た遣唐使によって日本の仏教界が乱れていると聞き、正しい教えを伝えるという使命感に駆られます。しかし、渡航の途中で暴風雨に襲われたり、鑑真を手放したくない唐の差止めに遭い5度の渡航に失敗し、5度目の渡航では失明してしまいました。それでもあきらめなかった鑑真は、6度目の渡航でようやく日本に到着します。そして鑑真は日本で唐招提寺《とうしょうだいじ》をひらき、多くの優秀な僧を育てて仏教の発展に大きく寄与したのです。

現代ほど海外に行きやすくなった時代はありません。時間や費用が限られていたとしても、海外での活動を考えてみましょう。

偉人たちの名言

いつまでも一つの土地に釘づけになるな。思いきりよく元気に飛び出せ。そのためにこの世界はこんなにも広いのだ。

[ゲーテ] ドイツの劇作家 | 1749-1832

危険を冒して前へ進もうとしない人、
未知の世界を旅しようとしない人には、
人生は、ごくわずかな景色しか見せてくれないんだよ。

[シドニー・ポワチエ] 米国の俳優 | 1927-

日本一になるなどと思うな。世界一になるんだ。

[本田宗一郎] HONDA 創業者 | 1906-1991

失敗なんか、屁でもない

Failure doesn't always stink.

16 失敗なんか、屁でもない

［ ジェームズ・ダイソン ］ イギリスのプロダクトデザイナー ｜ 1947-

紙パック式の掃除機に不便さを感じていたダイソンは、「サイクロン方式」を取り入れることで、紙パック不要の強力な吸引力を持った掃除機が作れるはずだと考えました。しかし「アイデアは始まりに過ぎなかった」と彼は言います。15 台目の試作機のときに三人目の子どもが生まれ、2627 台目で生活は逼迫《ひっぱく》し、3727 台目の頃には奥さんが美術教室を開いて生活費を稼ぐほどでした。5127 台目の試作が終わったときには、もう 15 年もの歳月が経っていました。「吸引力の変わらないただ一つの掃除機」でおなじみのダイソンの掃除機は、こうしてやっと誕生したのです。もし彼が 5127 回に及ぶ失敗に落ち込みすぎていたら、掃除機は完成しなかったでしょう。

失敗に立ち止まることなく、新しい挑戦に向かいましょう。

偉人たちの名言

成功は祝福せよ。失敗の中にはユーモアを見出せ。

［ サム・ウォルトン ］ 米国の実業家 ｜ 1918 - 1992

私のやった仕事でほんとうに成功したのは、
全体のわずか 1%にすぎない。99%は失敗の連続であった。

［ 本田宗一郎 ］ HONDA 創業者 ｜ 1906 - 1991

私達の最大の光栄は、決して倒れないことではなく、
倒れるたびに起き上がることである。

［ オリヴァー・ゴールドスミス ］ イギリスの小説家 ｜ 1730 - 1774

ギリギリが自分を育てる

Being on the brink makes you grow.

17

ギリギリが自分を育てる

[中内功《いさお》] ダイエー創業者 | 1922-2005

戦争中、中内功はフィリピンで九死に一生を得る経験をしています。戦地で雨水を飲み、昆虫を食べ飢えを凌《しの》ぐ日々が続きました。また、食糧を持っていると仲間に襲われ、殺される恐れがあったので夜も眠れなかったそうです。しかし、このまま眠らずにいてはいずれ自分がおかしくなってしまうと恐れた彼は、こう考えました。「人は一人では生きていくことはできない。どんな状況でも生きるには、人を信頼するしか方法がないのだ」。こうして彼は、仲間を全面的に信頼して眠ることにしたのです。生存者は部隊600人の内わずかに20人でしたが、中内は生きて帰ることができました。そして彼は「どんな状況でも仲間を信頼する」という経験を経営に活かし、実業家として成功を収めたのです。

苦しい体験で学んだことは、その後の人生の大きな助けになります。

偉人たちの名言

険しい道こそが、偉大なる高さに結びつくのである。

[セネカ] 古代ローマの哲学者 | BC4頃-AD65

私は意志が弱い。その弱さを克服するには、
自分を引き下がれない状況に追い込むことだ。

[植村直己] 冒険家・登山家 | 1941-1984

困難なことは頭からするな、成功のじゃまになる──という人がいる。
しかし、決してそうではない。人間というものは、
困難なことにあえばあうほど、ますます新しい力が出てくるものだ。

[ジョン・ワナメーカー] 米国の実業家・政治家 | 1838-1922

歩き続けよう

Keep on walking.

18

歩き続けよう

［ 葛飾北斎 ］ 江戸時代の浮世絵師 ｜ 1760-1849

浮世絵師として世界から高い評価を得ている葛飾北斎。彼は晩年にこんな言葉を残しています。「6 歳より絵を描き始めて 70 年間、これはと思う絵を描いたことがない。73 歳でようやく鳥獣虫魚《ちょうじゅうちゅうぎょ》の骨格や草木の特色を悟ることができた。今後 80 歳、90 歳と勉強を続けたら 100 歳でいくらかましな絵が描け、110 歳でこれはと思う絵が描けるようになるだろう」。彼は 90 歳で亡くなってしまうとき、こう言いました。「ああ、あと十年生きたい。いや五年でいい。五年生きれば一人前の絵描きになれる」。

自分は未熟だと考えて努力を続けることで、偉大な功績が生み出されます。

偉人たちの名言

ゆうゆうと焦らずに歩む者にとって長すぎる道はない。
辛抱強く準備する者にとって遠すぎる利益はない。

［ ラ・ブリュイエール ］ フランスの思想家 ｜ 1645-1696

夢をかなえる秘訣は4つの C に集約される。
それは「好奇心（Curiosity）」「自信（Confidence）」「勇気（Courage）」
そして「継続（Constancy）」である。

［ ウォルト・ディズニー ］ ウォルト・ディズニー社創業者 ｜ 1901-1966

歩みだけが重要である。歩みこそ、持続するものであって、
目的地ではないからである。

［ サン＝テグジュペリ ］ フランスの作家・飛行士 ｜ 1900-1944

RELAX

リラックス

サッパリだめなら
サッパリしよう

Refresh yourself when things just don't go your way.

19　サッパリだめならサッパリしよう

［ ジェームズ・マディソン ］ 第 4 代米国大統領 ｜ 1751-1836

聡明な頭脳を持ち、「アメリカ合衆国の憲法の父」といわれるジェームズ・マディソン。彼が大統領官邸に入ったのは 1809 年のことですが、その数年後に米英戦争が起き、大統領官邸はイギリス軍によって焼き討ちに遭ってしまいます。間一髪で彼は避難することができたのですが、その結果「戦争で首都から逃げた初めての大統領」という不名誉な肩書がついてしまいました。そこでマディソンは、戦争終結後に大統領官邸の印象を変えようと、それまでグレーの建物だった官邸を思い切って白いペンキで塗り、現在の“ホワイトハウス”を作ったのです。

嫌な思い出や失敗はサッパリと忘れて、心機一転しましょう。

偉人たちの名言

私は発想にいきづまると、海辺や川に糸を垂れに行く。
波や風や光からアイデアが釣れるからだ。

［ トーマス・エジソン ］ 米国の実業家・発明家 ｜ 1847-1931

過去にこだわっている人間は、
未来を捨ててしまっている。

［ ウィンストン・チャーチル ］ イギリスの政治家 ｜ 1874-1965

忘却と、それに伴う過去の美化がなかったら、
人間はどうして生に耐えることができるだろう。

［ 三島由紀夫 ］ 小説家 ｜ 1925-1970

寝る大人も、育つ

A sleeping adult grows too.

20 寝る大人も、育つ

［ クリント・イーストウッド ］ 米国の俳優・映画監督 ｜ 1930-

若い頃は俳優として『ダーティ・ハリー』や『荒野の用心棒』などで活躍し、近年は映画監督として『許されざる者』、『ミリオンダラー・ベイビー』などのアカデミー賞作品を生み出したクリント・イーストウッド。彼が 84 歳を超えた今も現役の映画監督・俳優として精力的に活動できる理由を、インタビューでこう答えています。「睡眠さ。とくにやることがなければ、9 時間ぐらいは寝てるよ。やりたいことはまだまだあるから、そのためには健康が大事。ちゃんとしたものを食べて、よく眠ることが一番さ」。

　第一線で長く活躍し続けるために、十分な睡眠を取りましょう。

偉人たちの名言

睡眠は最高の瞑想である。

［ ダライ・ラマ 14 世 ］ チベット仏教の最高指導者 ｜ 1935-

ひとたび睡眠というこの青春の泉にひたすと、
私は自分の年齢をあまり感じないし、
自分がまだ健康であると信ずることができる。

［ アンドレ・ジッド ］ フランスの小説家 ｜ 1869-1951

人は眠るために眠るのではなく、
活動するために眠るのだ。

［ リヒテンベルク ］ ドイツの科学者 ｜ 1742-1799

最近、バカ笑いした？

Have you recently laughed your tail off?

21 最近、バカ笑いした?

[トーマス・エジソン] 米国の発明家 | 1847-1931
[ヘンリー・フォード] フォード・モーター社創業者 | 1863-1947

私生活で仲が良かったエジソンとフォードが、何よりも大切にしていたのがユーモアです。エジソンは自分のことを題材にしたジョークが好きで、いつも冗談を連発しては大きな口を開け、歯をむき出しにして笑っていました。またフォードがエジソン宅を訪ねるときは、いつも新ネタのジョークを用意していったそうです。彼は耳が不自由なエジソンのためにジョークを小さな紙に書いて胸のポケットに忍ばせ、エジソンがひとつ話すと次は自分の番とばかり、おもむろに用意してきた紙を手渡したのです。お互いこの調子で、これでもか、これでもかと夜の更けるまでジョークの勝負を続けて笑い合いました。

仕事で多忙を極める二人が、それでも大切にした「笑い」を生活に取り入れてみましょう。

偉人たちの名言

美しい笑いは家の中の太陽である。
[ウィリアム・M・サッカレー] イギリスの小説家 | 1811-1863

明るい性格は、財産よりもっと尊いものである。
[オーギュスト・ロダン] フランスの彫刻家 | 1840-1917

人間を除くすべての動物は、生の主要な仕事が
生を享楽することにあると知っている。
[サミュエル・バトラー] イギリスの詩人 | 1612-1680

のほほんといこう

Let's be easygoing.

22

のほほんといこう

[ウィンストン・チャーチル]　イギリスの政治家・作家 ｜ 1874 - 1965

第二次世界大戦で首相としてイギリスを勝利に導き、また作家としてノーベル文学賞も受賞したチャーチルですが、政治界における彼は多難の連続でした。政治家としてなかなか結果が出ない時期に、彼はふと「絵を描いてみよう」と思い立ちます。しかし、絵具を買って来たものの仕事が気がかりでなかなか手が進みません。それを見たチャーチルの奥さんが「ためらうことなんてありませんよ」と彼の手を取ってキャンバスに絵具を塗ってあげると、気持ちがふっきれたチャーチルは絵を描き始めました。その後、絵画は彼の終生の趣味となり、疲れをリフレッシュする上で大きな役割を果たしたのです。

　仕事に真剣に取り組むことも大事ですが、健康的な「緩み」を持ちましょう。

偉人たちの名言

幸福な人間は時計には無関心である。

[グリボエードフ]　ロシアの外交官・作家 ｜ 1795 - 1829

人生を強《し》いて理解しようと欲してはならない。人生はそのまま一つの祭日である。ただ楽しくその日その日を生きることにしよう。

[リルケ]　オーストリアの詩人 ｜ 1875 - 1926

心の楽しみは良い薬である。魂の憂《うれ》いは骨を枯らす。

[旧約聖書]

バカにされても
気にしない

Don't mind being ridiculed.

23

バカにされても気にしない

[棟方《むなかた》志《し》功《こう》] 版画家 | 1903-1975

版画家として有名な棟方志功ですが、学生の頃は油絵に夢中でした。「ワだば（私は）、ゴッホになりたい」とよく口にしていたため、周りから「志功はいつもゴッホ、ゴッホと言っているが、風邪でも引いたかな」とからかわれていたそうです。志功は画家になるために上京しますが、版画に目覚めたのもゴッホが影響しています。ゴッホの描いた『タンギー爺さん』という絵には、背景に歌川広重や渓斎英泉《けいさいえいせん》の浮世絵がそのまま写し取られており、これを見た志功は「あのゴッホも日本の版画を手本にしている」と感動し、版画家になる決意をするのです。

周囲から何を言われても、自分の理想を追求する姿勢を失わないようにしましょう。

偉人たちの名言

自分が正しいと信じることをすればよい。
しても悪口を言われ、しなくても悪口を言われる。
いずれにせよ批判を免れることはできないのだから。

[エレノア・ルーズベルト] 婦人運動家・米国大統領夫人 | 1884-1962

自分が出したアイデアを、少なくとも一回は人に笑われるようでなければ、独創的な発想をしているとは言えない。

[ビル・ゲイツ] マイクロソフト社創業者 | 1955-

ブーイングは素敵だ。
逆に、やさしさが人を殺す場合がある。

[ボブ・ディラン] 米国のミュージシャン | 1941-

みんな昔は
子どもだった

We were all kids at one point.

24

みんな昔は子どもだった

［ アインシュタイン ］ ドイツの物理学者 ｜ 1879-1955

アインシュタインは幼い頃の記憶に残る大きな出来事として「羅針盤」との出会いを挙げています。父親から磁石に針がついた羅針盤をもらったとき、その針の動きに心を奪われました。丸い盤をどちらの向きにいくら回しても、針の指す方向はまったく変わらないからです。確かに初めて磁石を目にした子どもは、目を真ん丸にして針の動きを見つめるものかもしれません。しかし、アインシュタインはそういった好奇心を大人になっても持ち続けました。彼と親交のあった数学者、矢野健太郎はこう言っています。「羅針盤の針が同じ方向を示すという不思議な性質への好奇心が、後に彼の中で相対性理論につながったと言っても過言ではない」。

天才の素質は誰の中にも潜んでいるものです。子どものような好奇心を持って、物事を見てみましょう。

偉人たちの名言

どんなに洗練された大人の中にも、
外に出たくてしょうがない小さな子どもがいる。

［ ウォルト・ディズニー ］ ウォルト・ディズニー社創業者 ｜ 1901-1966

天才の極意は、子供の精神を老年まで持ち越すこと、
すなわち、決して情熱を失わないことである。

［ オルダス・ハクスリー ］ イギリスの小説家 ｜ 1894-1963

僕らはみんな幼少期の産物なんだ。

［ マイケル・ジャクソン ］ 米国のミュージシャン ｜ 1958-2009

必要のないものが、
実は一番必要

What is unnecessary is what is most necessary.

25 必要のないものが、実は一番必要

［ 千利休 ］ 茶人 ｜ 1522-1591

茶道を完成させたといわれる千利休が、武野紹鴎《じょうおう》という人物の元で修行をしていたときの話です。武野は、弟子たちの能力をテストするために「今日は風流な客人を招くゆえ、茶室の庭を掃除しておくように」と命じました。ある高弟は、既《すで》にきれいに掃除されていた庭を確認し「きれいに掃除できています」と報告しました。次の門弟に同じことを命じると、同様に「既に掃除はできています」と答えました。最後に利休が命じられ、武野が庭を確認しに行くと、地面には紅葉が散っており、何ともいえぬ風流さが備わっていました。利休が木をゆすって葉を落としていたのです。武野は「見事じゃ」と利休を称《たた》えました。

無駄とされるもの、効率的でないものに意外な価値があります。

偉人たちの名言

無駄なもの、無用なもの、余計なもの、
多すぎるもの、何の役にも立たないもの、それが私は好きだ。
［ ヴィクトル・ユーゴー ］ フランスの詩人 ｜ 1802-1885

ワインを飲んでいる時間を無駄な時間だと思うな。
その時間にあなたの心は休養しているのだから。
［ ユダヤの格言 ］

ぽかんと花を眺めながら、人間も、本当によいところがある、
と思った。花の美しさを見つけたのは人間だし、
花を愛するのも人間だもの。
［ 太宰治 ］ 小説家 ｜ 1909-1948

WORK

仕事

打ち合わせは短く

Keep meetings short.

26

打ち合わせは短く

[ドワイト・アイゼンハワー] 第34代米国大統領 | 1890-1969

1944年6月、連合国遠征軍最高司令官・アイゼンハワーは重大な局面を迎えていました。窓の外を嵐が吹き荒れる中、北フランスへの侵攻を決行するか否かの会議を行っていたのです。悪天候で作戦は延期され続け、現場では兵士たちは今か今かと指令を待っています。気象学者の意見では雨は上がる見込みとのことでした。しかし、嵐はむしろひどくなっているようにも見えました。幹部将校一人ひとりに意見を求めると場は紛糾し、延期を求める声も出てきました。しかし、会議の様子を見ていたアイゼンハワーは言いました。「よし、決行だ」。この一言によって史上最大の作戦と言われるノルマンディー上陸作戦は実行され、成功を収めたのです。

打ち合わせや会議で議論を交わすことも大事ですが、最大の目的は「決定」であることを忘れてはなりません。

偉人たちの名言

長い議論も短い議論もめざす目的は同じだということを、
よく理解すべきである。

[エピクロス] 古代ギリシャの哲学者 | BC341-270

決断力に欠ける人々が、いかにまじめに協議しようとも、
そこから出てくる結論は、常に曖昧で、
それゆえ常に役立たないものである。

[マキャヴェッリ] イタリアの政治思想家 | 1469-1527

必要な条件をすべて与えられながら、即座に決断を下すことのできない人は、いかなる決断も下すことはできない。

[アンドリュー・カーネギー] 米国の実業家 | 1835-1919

イヤーなことも
ちゃんと知ろう

At times you need to know about unpleasant things.

27 イヤーなこともちゃんと知ろう

［ チャールズ・チャップリン ］ 喜劇役者・映画監督 ｜ 1889-1977

チャップリンはコメディアンとしてだけではなく、映画監督・プロデューサーとしても高い評価を受けましたが、彼はインタビューでこんなコメントを残しています。「私は自分の映画を観衆が見ているとき、笑いが取れていないシーンにいつも注目します。たとえば、ウケを狙ったのに笑っていない観客が何人かいると、すぐにその部分を細かく分析して、アイデアに問題があったのか、それとも仕上がりが良くなかったのかを見極めることを心がけています。逆にウケを狙っていなかったシーンで少しでも笑い声が聞こえると、なぜウケたのか自問するようにしています」。「喜劇の天才」と称されるチャップリンの秘密は、作品に対するどんな意見にも心を開いていたことにありました。ときに耳をふさぎたくなるような言葉も、積極的に聞き入れていきましょう。

偉人たちの名言

自分が感じていることは正しくないかもしれない。
だから、常に自分をオープンにしておくんだ。あらゆる情報や、
たくさんの知識を受け入れられるように。

［ アイルトン・セナ ］ ブラジルのレースドライバー ｜ 1960-1994

忠告はめったに歓迎されない。
しかも、それをもっとも必要とする人が、常にそれを敬遠する。

［ チェスターフィールド ］ イギリスの政治家 ｜ 1694-1773

心なしと見ゆる者も、よき一言はいふものなり。

［ 吉田兼好《けんこう》 ］ 鎌倉時代の随筆家 ｜ 1283-1352

ここがふんばり時。

Time to hang on.

28 ここがふんばり時。

[ウォルト・ディズニー] ウォルト・ディズニー社創業者 | 1901 - 1966

アニメ映画を成功させたウォルトの次の目標は、夢と魔法の国『ディズニーランド』を建設することでした。誰もがその計画を無茶だと言いましたが、ウォルトは自分の別荘を売ったり、生命保険を担保に借金をしたりして計画を進めました。しかし、525万ドルもの建設費を調達するのは困難を極め、彼が銀行から融資を断られた回数は302回に及んだといいます。しかし、ウォルトはあきらめませんでした。彼はピンチになると決まってこう言っていたそうです。「物事がホイップクリームのようになめらかな時よりも、悪い方向に向かっている時のほうが、わたしはうまく対応できる」。そして、実際に必要とされた建設費は1700万ドルでしたが──1955年、ディズニーランドは開園の日を迎えたのです。

一番苦しいときこそ顔を上げ、希望を見つめながら前進しましょう。

偉人たちの名言

よくある失敗は、成功まであと一歩というところで、
そうとは知らずあきらめてしまうことだ。

[トーマス・エジソン] 米国の実業家・発明家 | 1847 - 1931

真に称賛すべき人間の特質とは、
困難なときの粘り強さである。

[ベートーヴェン] ドイツの作曲家 | 1770 - 1827

忍耐の草は苦い。
だが、最後には甘い、柔らかい実を結ぶ。

[カール・ジムロック] ドイツの詩人 | 1802 - 1876

トラブルに備えよう

Prepare for trouble.

29

トラブルに備えよう

［ 二宮尊徳 ］ 農政家 ｜ 1787-1856

あるとき、二宮尊徳は食事の膳に出されたナスを食べて、首をかしげました。季節は初夏なのに、もう秋ナスの味がしたのです。「今年は冷夏になり、稲が育たないかもしれない」。そう直感した二宮は、農民たちに冷害に強いヒエを栽培するよう勧めました。彼の予想どおり、真夏になっても気温が上がらず、稲が実りませんでした。1833 年の「天保の大飢《き》饉《きん》」が始まったのです。しかし二宮は、50 年前に発生した飢饉の様子を調べていたので、「やがて飢饉がやってくるぞ。もっとヒエ、アワ、大豆を作るんだ」そう言って各家庭に十分に蓄えさせました。翌年、翌々年と凶作が続き、全国的な飢饉が発生し餓死者が数十万人を超えましたが、彼の暮らす村では雑穀の蓄えが十分にあったので、一人の餓死者も出さずに済んだのです。

将来起きる問題を予測し、対策を怠らないようにしましょう。

偉人たちの名言

事前にあわてふためいて、あとは悠然《ゆうぜん》と構えている方が、
事前に悠然と構えていて、事が起こった時にあわてふためくよりも、
利口な場合がある。

［ ウィンストン・チャーチル ］ イギリスの政治家 ｜ 1874-1965

人間は往々にして小鳥のような行動を取る。
小鳥は目の前の餌だけに注意を奪われ、
鷹が頭上を飛んでいるのに気付かない。

［ マキャヴェッリ ］ イタリアの政治思想家 ｜ 1469-1527

安全な時にこそ、ますます防御を固めよ。
真に危険を免《まぬが》れるのはそのような人である。

［ プブリリウス・シルス ］ 古代ローマの詩人 ｜ 紀元前１世紀頃

自分へのご褒《ほう》美《び》、
多くない？

Treating yourself a little too much?

30

自分へのご褒《ほう》美《び》、多くない？

［ 山中利右衛門《りえもん》 ］ 江戸時代の豪商 ｜ 1829-1879

山中利右衛門は非常にケチな人物として有名でした。ある大みそかのこと、奉公人たちは店を掃除しながら考えました。「ここの食事といえば麦飯にたくわんばかり。大みそかと言っても蕎麦《そば》一つ出やしないだろう」。こうして掃除を終えた奉公人たちは奥の広間に呼ばれたのですが、そこにはなぜか豪華な食事と酒の載った膳が並んでおり、金の包みまでもがうず高く積まれていました。そして、利右衛門は奉公人の一人ひとりに金を分け与えて言いました。「私が日頃、皆からどれだけケチだと言われても気に留めないでいられたのは、本当の節約とはどのようなものかを知ってもらいたかったからだ。この金包みにしても、皆が毎日麦飯とたくあんで耐えてきたからこそできたもの。立派な商人になるにはこうした心がけが必要なのだ」。奉公人たちは感動し、利右衛門のような商人になろうと一層仕事に励んだそうです。

仕事の苦難を耐え抜くからこそ、自分へのご褒美が活《い》きてきます。

偉人たちの名言

自分をごまかして妥協するのは簡単だ。
でも成功したかったら、人より少しだけ厳しくなければ、
少しだけ余分に努力しなければ駄目だ。
［ トニー・グウィン ］ 米国のプロ野球選手 ｜ 1960-2014

人生の一番のご褒美とは、為す価値のある仕事を
一生懸命為す機会が与えられることだ。
［ セオドア・ルーズベルト ］ 第26代米国大統領 ｜ 1858-1919

何かをやりたいとき、報酬を目的にしてはいけない。
その行為自体を目的としなさい。
［ ベートーヴェン ］ ドイツの作曲家 ｜ 1770-1827

違う角度から見よう

Let's look at it from another angle.

31

違う角度から見よう

[松下幸之助] 松下電器創業者 | 1894-1989

「経営の神様」として慕《した》われ続けている松下幸之助にはこんな逸話があります。昭和初期の不況のとき、多くの企業は従業員の解雇と賃金カットによって乗り切ろうとしましたが、松下はそのどちらもやりませんでした。彼はまず工員を半日休ませて生産調整をし、その代わり営業担当には休日返上で仕事を与えました。しかしこの行動は単なる温情だけではなく松下の経営者としての読みがあり、商品在庫をすべてさばくまでの六ヶ月間は工員に給料が払えると踏んでいたのです。松下はこうして不況を乗り切り、従業員たちからは感謝され、会社も活況を呈《てい》しました。

人とは違う視点を持つことで、多くの人を幸せにする道を見つけることができます。

偉人たちの名言

負い方一つで重荷も軽い。
見えにくいものでも、視点を変えれば見えてくる。
難しいことでも、方法を変えれば解決する。

[ヘンリー・フィールディング] イギリスの劇作家 | 1707-1754

視点を変えれば不可能が可能になる。

[ハンニバル・バルカ] カルタゴの将軍 | BC247-183

あなたを支配するのは、出来事ではない。
その出来事に対するあなたの見方が支配するのだ。

[マルクス・アウレリウス] 古代ローマの皇帝 | 121-180

白黒つけてスッキリしよう

Let's have black-and-white clarity.

32

白黒つけてスッキリしよう

［ ビル・ゲイツ ］ マイクロソフト社創業者 ｜ 1955-

世界有数の大富豪で、マイクロソフトの会長だったビル・ゲイツが来日した時の話です。京都へ旅行する彼のために、マイクロソフト日本法人の社長が新幹線の切符を手配しました。週明けにゲイツが「切符代を清算したい」と言うので「会社で処理しておきます」と答えると、激怒してこう言ったそうです。「日本法人では個人で使ったお金を会社で経理処理するのか。こんなことが当たり前になったら、マイクロソフトの日本の社員たちも同じことをするようになる」。

グレーな部分をあいまいに放置せず、きちんと線引きしてハッキリさせましょう。

偉人たちの名言

善と悪とは誰にでも分かる。
混ざった時に区別できるのが賢者である。
［ サキャ・パンディタ ］ チベットの宗教者 ｜ 1182-1251

素直な心で見るということがきわめて大事だ。
そうすれば、事をやっていいか悪いかの判断というものは、
おのずとついてくる。
［ 松下幸之助 ］ 松下電器創業者 ｜ 1894-1989

優柔不断ほど疲れることはない。
そして、これほど大きなエネルギーの無駄もない。
［ バートランド・ラッセル ］ イギリスの哲学者 ｜ 1872-1970

勝てない相手じゃない

Not an unbeatable opponent.

33

勝てない相手じゃない

［ サミー・コリル ］ ケニアのマラソン選手 ｜ 1971-

2003 年のベルリンマラソンでの出来事です。優勝候補とみられていたポール・テルガトには四人のペースメーカー（ペースを保つためのサポートに徹する選手）が伴走していました。そのうちの一人、サミー・コリルは 32km 地点で役目を終える予定でしたが、なぜか走ることをやめませんでした。コリルは言います。「30km 地点まで良いペースできていたし、あまり疲れていなかったのでそのまま走ることにした」。

コリルとテルガトは走り続け、レースは接戦に――。結果、テルガトが当時の世界最高記録の 2 時間 4 分 55 秒でゴールしましたが、そのすぐ 1 秒後にコリルが続きました。人類初の 4 分台が二人同時に誕生したのです。「あと 5 メートルあったら抜けていた」とコリルは語ります。

どんな実力者に対しても勝つ気で挑むことで、思わぬ力が引き出されます。

偉人たちの名言

人間を動かす力の中で、競争に勝るものはない。

［ ヘンリー・クレイ ］ 米国の政治家・国務長官 ｜ 1777 - 1852

戦いに勝つのは、必ず勝とうと堅く決心した者だ。

［ レフ・トルストイ ］ ロシアの小説家 ｜ 1828 - 1910

競争心は才能の糧であり、羨望は心の毒である。

［ ヴォルテール ］ フランスの哲学者 ｜ 1694 - 1778

エリを正そう

Fix the collar.

34

エリを正そう

［ イングヴァル・カンプラード ］ IKEA 創業者 ｜ 1926-

17 歳で日用品の通信販売を行う IKEA を起業したカンプラード。彼は第二次世界大戦中も上官の許可を受け、一人で IKEA の事業を継続していました。そして大戦後、お客さんに展示場で実物を確かめてもらい、注文を受けて通信販売するというシステムを導入し大成功を収めました。しかし 30 代半ば、羽目を外して遊ぶことが多くなり、また既存の業者からの激しい攻撃という重圧も相まって、カンプラードはアルコール依存症に陥ってしまいます。かかりつけの医者から「2 ～ 3 週間の禁酒を年に 3 回は行うように」と忠告されたとき、彼は「ここで病気を治さねば経営者としての未来がない」と考え、医師の勧めよりも厳しく「5 週間の禁酒を年に 3 回行う」決意を固め、実行に移したのです。こうして彼はアルコール依存から立ち直り、IKEA の事業は拡大していきました。

生活の乱れを感じたら、思い切って日常の習慣を改めてみましょう。

偉人たちの名言

人間の運命を変えようと思ったら、
まず日々の習慣から変えるべし。

［ 松下幸之助 ］ 松下電器創業者 ｜ 1894 - 1989

自由と人生は、毎日それらを改めて、
征服する人のみに価値がある。

［ ゲーテ ］ ドイツの劇作家 ｜ 1749 - 1832

前言を一度も翻《ひるがえ》さない者は、
真実よりも自分自身を愛しているのだ。

［ ジュベール ］ フランスの哲学者 ｜ 1754 - 1824

隠れても解決しない

Nothing gets solved by hiding.

35

隠れても解決しない

［ 高田屋嘉兵衛《かへえ》 ］ 江戸時代の海商 ｜ 1769-1827

1812年、国後《くなしり》島沖合を航行していた「観世丸」がロシア軍艦に襲われ、乗組員が拿捕《だほ》されました。そして、乗組員たちはそのままカムチャッカに連行されることになったのです。他の乗組員たちは動揺し震えるばかりでしたが、乗組員の一人、高田屋嘉兵衛はこう考えました。「こうなってしまった以上、ロシアでもどこでも行こうじゃないか。よい通訳に出会えたら、ロシアと日本がこれ以上揉め事を起こさないようにしよう」。そして嘉兵衛はロシア軍艦の船長リコルドからロシア語を学び、自分たちが捕まった理由が、幕府がロシア船を捕まえゴローニン船長を幽閉したことへの報復だったと知ります。翌年、国後に送還された嘉兵衛はゴローニンの釈放に力を尽くし、ロシアからも称賛されることになりました。

問題は待っていても解決しません。思い切って飛び込むことで解決の糸口を掴むことができます。

偉人たちの名言

動かないことが疑いと恐怖を生み出す。
行動は自信と勇気を生み出す。

［ デール・カーネギー ］ 米国の著述家 ｜ 1888-1955

勇気とは不安を消し去ることではない。
不安に向かっていくものである。

［ マーク・トウェイン ］ 米国の小説家 ｜ 1835-1910

煙からのがれようとして、火の中に飛び込むことがよくある。

［ ルキアノス ］ ギリシャの風刺作家 ｜ 120頃-180頃

今いる位置を
確かめよう

Check where you are now.

36 今いる位置を確かめよう

[ビル・ヒューレット] 米国の実業家 | 1913-2001
[デビッド・パッカード] 米国の実業家 | 1912-1996

HP《ヒューレットパッカード》創業者であるビル・ヒューレットとデビッド・パッカードがトップにいたとき、HP は伝統的な市場調査を一切しませんでした。非公式に観察したり話し合ったりして顧客の問題やニーズを把握することで、新製品のアイデアを得ていたのです。だからこそ、HP は革命的な商品を生み出すことができました。しかし 1990 年代、売上 300 億ドルという巨大企業に変貌した HP の経営陣は、10 億ドル規模の市場にしか注目しませんでした。そしてある分野が 10 億ドルになると見込んだ場合だけ、商品開発を始めるようになったのです。HP の元上級副社長、ネッドは当時を振り返ってこう語ります。「我々はこういうアイデアに全部挑戦した。全部巨大プロジェクトだった。ところが我々は、どれひとつとして成功できなかった」。

状況が変わると本来の自分を見失うことがあります。今置かれている状況を、俯瞰《ふかん》して見てみましょう。

偉人たちの名言

ものごとを正しく見るには、たった一つのやり方しかない。
ものごとの全体を見ることだ。
[ジョン・ラスキン] イギリスの思想家 | 1819-1900

まわりを見渡し、自分に何ができるか考え、
それを実行したならば、前へ進むことができる。
[ローザ・パークス] 米国の公民権運動活動家 | 1913-2005

人は、個々のこととなると、意外と正確な判断をくだすものだが、
大局の判断を迫られた場合は誤りを犯しやすい。
[マキャヴェッリ] イタリアの政治思想家 | 1469-1527

残り物にチャンスがある

Chances come to those who stick around.

37

残り物にチャンスがある

［ ベティ・デイヴィス ］ 米国の女優 ｜ 1908-1989

マサチューセッツ州に生まれ、演劇学校で学び舞台女優をめざしたベティ・デイヴィスは1934年の映画『痴人の愛』で注目されました。しかし、実は彼女の役は他の女優が演じる予定だったのです。ただ、この女性の役はふしだらな生活がたたって重い病気にかかり、顔の半分がつぶれてしまうという設定で、そんな役は誰もやりたがりませんでした。次々と女優がオファーを断っていく中、ベティはこの役を果敢に引き受け、見事に演じ切りました。その結果、彼女の演技はライフ紙によって「アメリカの女優によって記録された最上の演技」と絶賛されたのです。こうして勢いに乗った彼女は『青春の抗議』と『黒蘭《こくらん》の女』で、二度もアカデミー主演女優賞に輝き、映画史上屈指の大女優となりました。

みんなが避けて手を付けようとしないものにこそ、飛躍のチャンスがあります。

偉人たちの名言

運命の女神は、待つことを知る者に多くのものを与えるが、
急ぐ者にはそれを売りつける。

［ フランシス・ベーコン ］ イギリスの哲学者 ｜ 1561-1626

誰もやりたがらない仕事には
しばしば大きなチャンスが隠れている。

［ H・ジャクソン・ブラウンJr. ］ 米国の作家 ｜ 1940-

一番先になりたい者は、すべての人の最後となり、
すべての人に仕える者になりなさい。

［ 新約聖書 ］

それでも、前を見よう

Even then, keep looking straight ahead.

38

それでも、前を見よう

[エドモンド・ヒラリー]　ニュージーランドの登山家 | 1919-2008

人類初のエベレスト登頂に成功したエドモンド・ヒラリー。彼は登頂に成功する前に別の登山隊の一員として挑戦したとき、失敗して隊員の一人を亡くしてしまった経験があります。そのときロンドンで行われた登山隊の慰労会で、公衆を前にしたヒラリーは壇上に飾られた大きなエベレストの写真に向き直り、こう宣言しました。「エベレストよ、今回は私たちの負けだ。だが必ず舞い戻って登頂してみせる。なぜなら、山はこれ以上大きくならないが、私はもっと成長できるからだ」。

人生の中ではつらい経験は避けられません。だからこそ大切なのは、前を向き、立ち上がることです。

偉人たちの名言

いつも太陽の光に顔を向けていなさい。そうすれば影を見なくてすむ。
いつも真理に目を向けていなさい。
そうすればあなたの心から不安や心配は消える。

[ヘレン・ケラー]　米国の社会福祉活動家 | 1880-1968

絶望してはいけない。だが、もし絶望してしまったら、
絶望の中、進み続けるのだ。

[エドマンド・バーク]　イギリスの政治家 | 1729-1797

君の魂の中にある英雄を放棄してはならぬ。

[フリードリヒ・ニーチェ]　ドイツの哲学者 | 1884-1900

COMMUNICATION

コミュニケーション

ブーブー言わない

Stop the bellyaching.

39 ブーブー言わない

［ 森永太一郎 ］ 実業家 ｜ 1865-1937

エンゼルマークで有名な森永製菓の前身となる「森永洋菓子製造所」を設立した森永太一郎は、菓子職人を目指してアメリカに渡りました。そして、カリフォルニアのキャンディー工場で働き手を募集していると聞いて訪ねたのですが、実際に募集していたのは工場の掃除夫でした。しかし、どうしても西洋菓子の作り方を学びたかった森永は、朝のうちに早出して掃除を済ませると、日中はキャンディー作りを手伝って西洋菓子の作り方を学んだのです。彼はこうして得た技術を日本に持って帰り、マシュマロを販売し、洋菓子メーカーとしての礎《いしずえ》を築きました。

ベストの環境でなくても、そこから得られるものが必ずあります。愚痴を言う時間を行動する時間に変えましょう。

偉人たちの名言

愚痴はいかなる理由があろうとも決して役には立たぬ。

［ ラルフ・ワルド・エマーソン ］ 米国の思想家 ｜ 1803-1882

仕事のできないことを、設備、資金、人手、時間のせいにしてはならない。
それではすべてを世の中のせいにしてしまう。よい仕事ができないのを
それらのせいにすれば、あとは堕落への急坂である。

［ ピーター・ドラッカー ］ オーストリアの経済学者 ｜ 1909-2005

たいていの人間は、運命に対して
過大な要求をするばかりに不満になる。

［ アレクサンダー・フンボルト ］ ドイツの博物学者 ｜ 1769-1859

壁を作っているのは自分

You're the one erecting the walls.

40 壁を作っているのは自分

［ マイケル・デル ］ 米国の実業家 ｜ 1965-

世界トップレベルのシェアを誇るパソコンメーカー DELL の創業者、マイケル・デルには内向的な面がありました。大げさなことが嫌いで、自惚《うぬぼ》れないよう自分にも他人にも厳しい人物だったのです。しかし、2001 年に実施した社内インタビューで、従業員たちがこういったデルの性格に対して「人間味がなく近寄りがたい人物」と考えていることが明らかになりました。デルはこの批判を真摯《しんし》に受け止め、全社員向けのビデオを制作して「自分は驚くほど恥ずかしがり屋だ。しかし、今後はもっと親しみを持たれるように努力する」と丁寧に釈明しました。こうして、彼は従業員との間の壁を取り払うことができたのです。

　周囲の人に対していつのまにか壁を作っていないか、自省してみましょう。

偉人たちの名言

「垣根」は相手がつくっているのではなく、
自分がつくっている。

［ アリストテレス ］ 古代ギリシャの哲学者 ｜ BC384 - 322

自己に閉じ込められ、自己にこだわっている間は、
世界を真に見ることができない。
自己が自由に、自在に動くとき、世界もいきいきと生動する。

［ 道元 ］ 鎌倉時代の禅僧 ｜ 1200 - 1253

傷つきやすい人間ほど、複雑な鎧帷子《よろいかたびら》を身につけるものだ。
そして往々、この鎧帷子が自分の肌を傷つけてしまう。

［ 三島由紀夫 ］ 小説家 ｜ 1925 - 1970

可愛さの中にトゲを

Cuteness with a few thorns.

41

可愛さの中にトゲを

［ オードリー・ヘップバーン ］ イギリスの女優 ｜ 1929-1993

映画『ティファニーで朝食を』の中で、オードリーが非常階段に座ってギターを弾きながら歌を口ずさむシーンがあります。このとき彼女が歌った『ムーン・リバー』は、実は一度、映画から失われそうになったことがありました。試作段階の映像を見た映画会社の社長が「あの歌はカットすべきだ」と言い出したのです。そのことを知ったオードリーは社長に向かって「わたしが生きているうちは絶対そんなことはさせません」と激昂《げきこう》し、周囲のスタッフが彼女の腕を掴《つか》んで引き止めなくてはならないほどだったといいます。こうした彼女の抗議によって歌のシーンは使用されることになり、『ムーン・リバー』はアカデミー歌曲賞、グラミー賞では最優秀レコード賞、最優秀楽曲賞、最優秀編曲賞の３部門を受賞しました。

ただ可愛らしくあるだけではなく、ときに自分のこだわりを貫《つらぬ》く強さも大切です。

偉人たちの名言

女は胸やお尻じゃなく、頭を使うべきだと言うけれど、
でも女は全てを使うべきなのよ。

［ マドンナ ］ 米国の歌手 ｜ 1958-

人間はいかに円《まる》くとも、
どこかに角がなければならぬ。

［ 渋沢栄一 ］ 官僚・実業家 ｜ 1840-1931

悪い人間って、絶対に忘れないものね。女優が目指すのは
こういう人間よ。絶対忘れられないような人――。

［ ベティ・デイヴィス ］ 米国の女優 ｜ 1908-1989

甘い誘いには乗らない

Don't give into sweet temptations.

42　甘い誘いには乗らない

［ マーク・ザッカーバーグ ］　フェイスブック社 CEO ｜ 1984-

マーク・ザッカーバーグにはこれまでに多くの買収話が持ち込まれました。彼が高校時代に作った音楽再生ソフト「シナプス」に 100 万ドルの値がついたのを皮切りに、フェイスブックには誕生から四ヶ月後、1000 万ドルという買収金額が提示されています。2005 年には、MTV やパラマウント映画を擁《よう》する米国のメディアグループ・バイアコムが 7500 万ドルで買収を提案。当時のフェイスブックの売り上げはわずか 100 万ドルだったので破格の条件だったと言えます。さらにその後、ヤフーが 10 億ドルでの買収をオファーしました。しかし、ザッカーバーグはこれらの買収の話をすべて一蹴してきました。彼はこう語っています。「僕のゴールはお金じゃない。クールなものを作ることだ。それから誰かに何かしろと時間の枠をかけられないこと。それこそが僕の求めている贅沢なのさ」。

　自分の目指す道がわかっていれば、間違った誘いに乗ることはありません。

偉人たちの名言

善に協力するのは義務である。と同時に、
悪への協力を拒否するのも義務なのである。

［ マハトマ・ガンディー ］　インドの弁護士・社会運動家 ｜ 1869 - 1948

火は鉄を試し、誘惑は正しき人を試す。

［ トマス・ア・ケンピス ］　ドイツの神秘思想家 ｜ 1380 - 1471

悪魔が私たちを誘惑するのではない。
私たちが悪魔を誘惑するのだ。

［ ジョージ・エリオット ］　イギリスの作家 ｜ 1819 - 1880

間違った道には
ブレーキを

Step on the break when you're heading down the wrong path.

43 間違った道にはブレーキを

［ ニコラウス・コペルニクス ］ ポーランドの天文学者 ｜ 1473-1543

人類で初めて「地動説」を示したコペルニクス。彼がその着想を得たのは修道院の院長をしているときで、彼は地動説を友人にのみ話して公表はしませんでした。キリスト教の世界観と相反する内容のため、立場上、公表を避けたのです。

彼が 70 歳を迎え病床に伏しているとき、友人が訪ねてきて言いました。「君の例の学説だが、このまま朽《く》ちさせて悔いはないのか？　君はもう異端《いたん》審問にかけられる心配はあるまい。後世の人々のためにも公表するべきだ」。その言葉にコペルニクスは静かに頷《うなず》きました。こうして地動説を記した『天体の回転について』の第一刷ができあがった次の日、コペルニクスは息を引き取りました。

どんな優秀な人も間違いを犯すことがあります。そのことに気づいたら、可能な限り方向修正をしてあげましょう。

偉人たちの名言

いさめてくれる部下は、
一番槍をする勇士より値打ちがある。

［ 徳川家康 ］ 江戸時代の武将 ｜ 1543-1616

大事なのは間違いを認めすぐに修正することだ。修正すると、
2 回目は 1 回目より格段に優れたものになることはよくある。

［ エリック・シュミット ］ 米国の技術者・Google 元 CEO ｜ 1955-

黙って服従することは、しばしば安易な道ではあるが、決して
道徳的な道ではないのだ。それは臆病者の道なのだ。

［ マーティン・ルーサー・キング Jr. ］ 米国の牧師・社会運動家 ｜ 1929-1968

感情的にならない

Don't get emotional.

44

感情的にならない

［ エイブラハム・リンカーン ］ 第16代米国大統領 ｜ 1809-1865

リンカーンが1864年の大統領選挙に臨んだとき、シカゴの有力者モールトンは、その人気に反発していました。そこでリンカーンが立候補しても、無視して協力しなかったのです。結果的に選挙はリンカーンの勝利となり、シカゴのホテルで当選祝賀会が開かれることになりました。モールトンも形式的に参加して、リンカーンと挨拶を交わす順番を参列者として待っていました。するとリンカーンは彼の番になったとき、にこやかに笑いながら「モールトンくん、きみは参列者の一人なんかではないよ。こちらに来ていつも僕の側にいてもらわなければ困るね」。そう言って手を差し伸べました。この出来事によってモールトンの反発心は氷解し、リンカーンの強力な支援者になったといいます。

過去にどんな遺恨《いこん》があったとしても感情的にならず、お互いにとってベストの道を選びましょう。

偉人たちの名言

人間の器量は、どの程度のことを怒ったか、
によって測れる。

［ ジョン・モーリー ］ イギリスの政治家・作家 ｜ 1838-1923

やさしいことばで相手を征服できないような人は、
きついことばでも征服できない。

［ アントン・チェーホフ ］ ロシアの劇作家 ｜ 1860-1904

最も美しい勝利は、おのれの心情を克服することだ。

［ ラ・フォンテーヌ ］ フランスの詩人 ｜ 1621-1695

手の内をさらそう

Reveal the hidden secrets in your hands.

45

手の内をさらそう

［ 田中平八 ］ 幕末の商人 ｜ 1834-1884

“天下の糸平”こと田中平八が、生糸《きいと》商人に仕えていた頃の話です。あるとき平八は主人の言いつけで、故郷の信州に生糸を仕入れに出かけました。ところが彼には、商いの失敗で借金を作ったまま故郷を飛び出したという過去がありました。

案の定、平八が姿を見せると昔の債権者たちが彼の元におしかけてきました。すると平八は逃げることなく、懐《ふところ》から全財産の 300 円を出して言いました。「このお金はお店のものです。このお金を皆さんに支払うと私が罪に問われます。それではお互い損することになるでしょう。この 300 円であなたたちに借りたお金は返します。ですが、そのかわり二ヶ月先の払いで 2000 円分の生糸を私に預けてください」。こうして主人の元に戻った平八は生糸を売って大きな儲けを出し、主人に事の次第を打ち明けて 300 円を帳消しにしてもらいました。

思い切って自分をさらけだすことが、事態を好転させます。

偉人たちの名言

あなたがうそつきの達人でないならば、
常に真実を語るというのが最良の策だ。

［ ジェローム・K・ジェローム ］ イギリスの作家 ｜ 1859-1927

人生で何より消耗するのは、本心を隠すことだ。
だから社会生活がこれほど消耗するのである。

［ アン・モロー・リンドバーグ ］ 米国の飛行家・文筆家 ｜ 1906-2001

過失を率直に告白することは、
それが無罪となる一つの段階である。

［ プブリリウス・シルス ］ 古代ローマの詩人 ｜ 紀元前 1 世紀頃

信用はロからなくなる

Trust is lost through loose lips.

46 信用は口からなくなる

[パリス・ヒルトン] 米国のファッションモデル | 1981-

ヒルトンホテル創業者一族の令嬢で、ファッションモデルや女優としても活躍し、また多くのスキャンダルでも注目を浴びるパリス・ヒルトン。彼女は「ワースト・ドレッサー賞」の上位にランクインされたり、映画女優としては「どんな役をやってもパリス本人にしか見えない」と酷評されたりしていますが、同時に、彼女の自由な生き方に憧れる女性もいるでしょう。ただ、自分がセレブであることを自覚し「金持ちで何が悪いの」と開き直って発言するパリスに対して、祖父バロンが怒りを露わにしました。バロンは「ヒルトン一族の名が汚された」と考え、彼女が一部受け継ぐはずの膨大な遺産の97%を、慈善目的で寄付すると宣言したのです。

自分らしく振る舞うのも大事ですが、口から出る災いには気をつけましょう。

偉人たちの名言

人が生まれたときには、実に口の中に斧が生じている。
愚者は悪口を言って、その斧によって自分を斬り裂くのである。

[釈迦《しゃか》] 仏教の開祖 | BC7世紀-5世紀頃

われわれの信用は、われわれの一つの財産である。

[ジュベール] フランスの哲学者 | 1754-1824

言葉多ければ口の過《あやま》ち多く、人に憎まれ、災い起る。
つつしみて多く言ふべからず。

[貝原益軒《かいばらえきけん》] 江戸時代の儒学者 | 1630-1714

自分を大きく見せない

Don't project a bigger self.

47

自分を大きく見せない

［ サム・ウォルトン ］ 米国の実業家 ｜ 1918-1992

世界最大のスーパーマーケット・ウォルマートを一代で起こし、巨大企業に育て上げたサム･ウォルトン。1985 年に『フォーブス』誌は、「全米一の金持ち」としてサム・ウォルトンの名前を報じました。するとたちまち、レポーターやカメラマンが彼の家に大挙して押し寄せたのですが、そこで彼らが目撃したのは、古ぼけた小型トラックを運転し、ウォルマートのロゴ入りの野球帽をかぶり、散髪は町の床屋で済ませる男でした。ウォルトンはこう語っています。「私はヨットを買いたいとか、島をまるごと所有したいなどと思ったことは一度もない。こうした見栄や欲望が、多くの好調だった企業をダメにしてきたんだ」。

　真の実力者は飾りを必要としないものです。謙虚な気持ちを大切にしましょう。

偉人たちの名言

人からよく思われたいと思ったら、自己のよいところをあまり並べ立てないことである。

［ ブレーズ・パスカル ］ フランスの哲学者 ｜ 1623-1662

目立とうとするのは、栄光を勘違いした愚か者の考えることだ。

［ ブルース・リー ］ 中国の武術家・俳優 ｜ 1940-1973

謙虚は一つの装飾である。ところが人はこの装飾をしないで外を出歩く。

［ フランツ・グリルパルツァー ］ オーストリアの劇作家 ｜ 1791-1872

見るべし。
聞くべし。
言うべし。

Should see. Should hear. Should speak.

48　見るべし。聞くべし。言うべし。

［ ソクラテス ］　古代ギリシャの哲学者 ｜ 紀元前 469 頃 - 399

ソクラテスはアテナイの通りや広場を観察しながら歩き回り、街ゆく人によく質問をしました。相手の回答を「なるほど」と言って聞き入れると、さらに掘り下げた質問をします。こうして相手は最終的に「自分は何も分かっていなかった」ということを知らされるのでした。これが有名な「無知の知」ですが、この行為を彼は意地悪としてやっていたのではありません。ソクラテスはこうした議論を通して「自分がどのような人間であって、何をしているのか」を人々に深く考えさせようとしていたのです。また、ソクラテス自身もこの行為を通して、自らの考えを深めていきました。

見ること、聞くこと、言うこと。その行動を抑えることなく解放することで、人は自分が何者であるかということについて深く知ることができます。

偉人たちの名言

すべて人間は、知ることを楽しみ求めるが本性なり。
彼らが見聞を好むのは、その象徴なり。
［ アリストテレス ］　古代ギリシャの哲学者 ｜ BC384 - 322

まったく違う知識や考えを持った人と、
まず対話できることこそ大事だ。
［ 盛田昭夫 ］　SONY 創業者 ｜ 1921 - 1999

見聞を広くしなければならぬ。
小さな考えでは世に立てぬ。
［ 大村益《ます》次郎 ］　長州藩の医師・西洋学者 ｜ 1824 - 1869

磨いて光らない
人なんていない

No such thing as a polished person who doesn't shine.

49　磨いて光らない人なんていない

［ マリリン・モンロー ］　米国の女優 ｜ 1926-1962

今なお多くの人々に愛され続ける女優マリリン・モンローですが、彼女が自分の外見に強い劣等感を持ち、それを克服するために必死で努力を重ねていたことはあまり知られていません。当時ジョギングをする人は少なかったのですが、ボディラインを保つために毎朝欠かさずジョギングをしたり、「人体解剖」に関する本を読み、どのようなポーズをとればラインが美しく見えるのかを日夜研究していました。また、エージェントを務めていた人物が、彼女の鼻と口の距離を指摘し「笑うときは必ず上唇を下に伸ばす感じにすること」と提案すると、彼女は鏡の前で笑顔の練習を繰り返し、トレードマークとなった微笑を生み出しました。

魅力的に見える人は、陰で自分を磨く努力を怠らないものです。

偉人たちの名言

みずからを向上しようと試みることが必要である。
この意識は生きているかぎり持続すべきである。

［ クリスティーナ ］　スウェーデンの女王 ｜ 1626-1689

自分がみにくいアヒルだと思っていたころは、
こんなたくさんの幸せがあるなんて、思ってもみなかった。

［ アンデルセン ］　デンマークの童話作家 ｜ 1805-1875

雑草とは何か？
その美点がまだ発見されていない植物である。

［ ラルフ・ワルド・エマーソン ］　米国の思想家 ｜ 1803-1882

POLICY

ポリシー

時々、振り返ること

At times, look back.

50 時々、振り返ること

［ ベンジャミン・フランクリン ］ 米国の政治家 ｜ 1706-1790

アメリカ建国の父の一人、ベンジャミン・フランクリン。彼は「13 徳」と呼ばれる自ら定めた生活の規範を持っていました。「13 徳」とは、1. 節制、2. 沈黙、3. 規律、4. 決断、5. 節約、6. 勤勉、7. 誠実、8. 正義、9. 中庸《ちゅうよう》、10. 清潔、11. 平静、12. 純潔、13. 謙譲、からなりますが、フランクリンはこのリストを作っただけではなく、毎日 13 徳が書かれた小冊子を見ては確認し、全ての項目が意識できているかを振り返っていたのです。彼が政治家、作家、音楽家、印刷業、気象学者など多岐の分野にわたって偉業を成すことができたのも、この習慣があったからだと言えるでしょう。

自分で定めた指針や規制を守れているかどうか、振り返って確認してみましょう。

偉人たちの名言

進歩とは反省の厳しさに正比例する。

［ 本田宗一郎 ］ HONDA 創業者 ｜ 1906-1991

人間は一生に一度きりではなく、
一日ごとに気持ちを改めていかなければならないのです

［ フローレンス・ナイチンゲール ］ イギリスの看護教育学者 ｜ 1820-1910

来た道を振り返るという点で、人は河と違う。

［ セルバンテス ］ スペインの小説家 ｜ 1547-1616

夜型から朝型へ

From a night owl to an early bird.

51

夜型から朝型へ

［ アーネスト・ヘミングウェイ ］ 米国の小説家 ｜ 1899-1961

『武器よさらば』などで知られる作家、アーネスト・ヘミングウェイは、前の晩どんなに深酒しても、朝5時半頃に起床して仕事をしたそうです。ヘミングウェイ曰く、「早朝は誰にも邪魔されないし、ひんやりとした朝は執筆しているうちに体が温まる」。音楽家のモーツァルトや哲学者のカント、心理学者のフロイトなども朝型でした。

　また、ビジネスの世界でも朝型の人物は非常に多いと言われています。スティーブ・ジョブズは午前6時に起床し、子どもが起き出すまで2時間ほど仕事をしていました。スターバックスCEOのハワード・シュルツは毎朝4時半に起きて、妻にコーヒーを淹《い》れることを日課としているそうです。

　夜型の生活に慣れてしまっている人は、思い切って朝型に変えてみましょう。仕事への姿勢が変わるきっかけとなるかもしれません。

偉人たちの名言

朝寝坊する者は、一日駆けずり回っても夜になって
仕事に追いつかれてしまう。仕事に追い立てられるのではなく、
仕事をこちらから追い立てよう。

［ ベンジャミン・フランクリン ］ 米国の政治家 ｜ 1706-1790

朝寝は時間の出費である。
これほど高価な出費はほかにない。

［ アンドリュー・カーネギー ］ 米国の実業家 ｜ 1835-1919

太陽とともに起きぬ者は一日を楽しく過ごせない。

［ セルバンテス ］ スペインの小説家 ｜ 1547-1616

小さいニンジンを狙わない

Don't go for small carrots.

52　小さいニンジンを狙わない

［ レイ・クロック ］　マクドナルドコーポレーション創業者 ｜ 1902-1984

たった一店舗のハンバーガー店だったマクドナルドを全世界に展開したレイ・クロック。しかしその道のりには大きな困難がありました。店のチェーン展開に乗り気でないマクドナルド兄弟は、勝手に他の会社と多重契約をしたり、契約変更が遅れるのを弁護士のせいにして非協力的になっていったのです。お互いの関係が冷めていく中、マクドナルド兄弟は店の権利をすべて手放したいと言い出しました。条件は「即金で 270 万ドル」。これは前年に兄弟が手にした加盟権収入の 15 倍で、あまりにも法外な金額でした。しかしクロックは金融機関を駆けずり回り、必死に資金をかき集め契約を成立させたのです。その結果、十数年後には数億ドルの利益を手にすることになりました。

　目の前の小さな利益に囚《とら》われず、未来にある大きな利益を求めましょう。

偉人たちの名言

人間の最大の誘惑は、あまりにも小さなことに
満足してしまうことだ。

［ トマス・マートン ］　米国の司祭 ｜ 1915-1968

あなたの大きな夢を萎《な》えさせるような人間には近づくな。
たいしたことない人間ほど人の夢にケチをつけたがるものだ。

［ マーク・トウェイン ］　米国の小説家 ｜ 1835-1910

人は、ちっぽけな夢などでは満たされない、
大いなる存在である。

［ マルクス・アウレリウス ］　古代ローマの皇帝 ｜ 121-180

最後までやり通す

Follow through until the end.

53

最後までやり通す

［ アンドリュー・カーネギー ］ 米国の実業家 ｜ 1835-1919

後にアメリカの「鉄鋼王」となるアンドリュー・カーネギーが 16 歳の頃、職場の仲間であるフィッシャーと走って競争をすることになりました。フィッシャーは持久力があり、中盤でかなりの差がついたため木陰で休むことにしました。そこを後から来たカーネギーが追い抜き、一気にゴールイン。レース後にフィッシャーが言いました。「君が遅いので僕は走るのをやめたんだ。勝負はその時点でついている」。カーネギーはこう反論しました。「勝負はここまでと決めたじゃないか。最後まで走り抜いた者の勝ちなんだよ」。

成功を語るときによく「才能」や「運」が問題にされがちですが、何より大切なのは、あきらめずに最後までやり通すことです。

偉人たちの名言

事を成し遂げる秘訣は、一時に、ただ一事をなすにあり。

［ エイブラハム・リンカーン ］ 第 16 代米国大統領 ｜ 1809-1865

目の前にある仕事に全神経を集中せよ。
太陽光線も焦点が合わなければ火をつけられない。

［ グラハム・ベル ］ スコットランドの発明家 ｜ 1847-1922

大人物と小人物との差異は、一度意を決すれば、
死ぬまでやるという覚悟があるかないかにある。

［ フリードリヒ・シェリング ］ ドイツの哲学者 ｜ 1775-1854

キメるときは、キメる

When deciding, be decisive.

54

キメるときは、キメる

［ ジョン・F・ケネディ ］ 第35代米国大統領 ｜ 1917-1963

1960年のアメリカ大統領選挙で争うことになった、ニクソンとケネディ。劣勢だったケネディはテレビ討論会に向けて準備を進めていました。討論会の当日、ケネディは一切の選挙運動をやめ、ホテルでゆっくり過ごしました。そして討論会場には、徹底したメイクと濃紺のスーツで臨み、リラックスしてカメラの向こうにいる国民に訴えかけるようにスピーチを行いました。一方、ニクソンはメイクを拒否し、グレーのスーツを着ていたために白黒のテレビでは印象が薄く映りました。この放送で、国民の多くはケネディ支持に傾いたといいます。

相手に与える印象や雰囲気が結果を左右することがあります。大事な場面では外見を整えることを忘れないようにしましょう。

偉人たちの名言

人は必ずしも外見で判断できないが、外見は常に、
その人間を知る重要な一つの手がかりである。

［ ウィラード・ゲイリン ］ 米国の精神医学者 ｜ 1969-

人は一般的に、内容よりも外見で判断する。
内面を判断できる洞察力をもつ者はまれである。

［ マキャヴェッリ ］ イタリアの政治思想家 ｜ 1469-1527

服装や態度が人を作るのではない。
出来た人は、自然とその見かけも大いに改善される。

［ ヘンリー・ワード・ビーチャー ］ 米国の牧師 ｜ 1813-1887

ハイペースより
マイペース

"My Pace" is better than "High Pace".

55

ハイペースよりマイペース

［ オーギュスト・ロダン ］ フランスの彫刻家 ｜ 1840-1917

『考える人』の彫刻で有名なオーギュスト・ロダン。彼の人生は心が折れるような出来事の連続でした。芸術家を目指すも、国立高等美術学校の試験には三回続けて不合格。また、何度もサロン（展覧会）に出品したのですが一度も入選しませんでした。40歳を過ぎた頃からやっと発注が来るようになりましたが、なかなか評価は上がりません。後に彼の代表作となる『カレーの市民』のモニュメントには非難が集まり、トイレ脇に場所を移動されてしまったほどです。しかし、消沈することなく進み続けたロダンは、こんな言葉を残しています。「人は仕事をするときにはいつでも迷うものです。自分がどこを歩いているか、確かに分かるものじゃありません。進歩は実に遅く、実に不確かなものです。やがて、だしぬけにそれは啓《ひら》かれます」。

早い結果を求めて焦るのではなく、自分の歩幅で進み続けましょう。

偉人たちの名言

賢明に、そしてゆっくりと。速く走るやつは転ぶ。

［ ウィリアム・シェイクスピア ］ イギリスの劇作家 ｜ 1564-1616

人の一生は、重荷を負うて遠き道をゆくがごとし。
急ぐべからず。

［ 徳川家康 ］ 江戸時代の武将 ｜ 1543-1616

善きことはカタツムリの速度で動く。

［ マハトマ・ガンディー ］ インドの弁護士・社会運動家 ｜ 1869-1948

子どもに胸をはれるか

Can you stick out your chest with pride in front of children?

56

子どもに胸をはれるか

[**ペスタロッチ**] スイスの教育家・孤児院の学長 | 1746-1827

スイスのある貧しい村で、元気に駆けまわって遊ぶ子どもたちをじっと見つめる老人がいました。彼は微笑みながら、ときどきしゃがんで何かを拾っていました。その光景が毎日続くので、怪しんだ警察官が「失礼ですが、何を拾っているか見せてもらえますか」とたずねました。老人がもじもじしていたので、ますます怪しいと思った警察官がポケットに手をつっこむと、その中にはガラスの破片や錆《さ》びた釘などがぎっしり入っていたのです。老人は子どもたちを指さして「ほら、あのとおり、裸足なのでね」と言いました。実はこの老人が“近代教育の父”とも呼ばれる、教育家のペスタロッチだったのです。

いつでもどこでも、子どもたちに誇れるような行動を取ることが大人の役目です。

偉人たちの名言

子供たちは、大人の話ではなく、
大人のあり方によって教えられる。

[カール・グスタフ・ユング] スイスの精神科医 | 1875-1961

人間として守らなければならないことは、
親がいつも率先してお手本を示しながら、子どもにも守らせること。
理屈でなく行動で教えること。

[井深大《まさる》] ソニー創業者 | 1908-1997

子供は父母の行為を映す鏡である。

[スペンサー] イギリスの哲学者 | 1820-1903

今はじっと耐えよう

Now is the time to endure.

57　今はじっと耐えよう

［ クリストファー・コロンブス ］　イタリア出身の探検家 ｜ 1451 - 1506

コロンブスは 1492 年に、スペインからインドへの航路を探し求めて西へと航海に出ました。しかしその道のりは険しく、激しい嵐に巻き込まれ、飢えと物資不足にあえぎ、乗組員は反乱を起こす一歩手前だったといいます。しかしコロンブスは決してあきらめませんでした。彼の航海日誌には、来る日も来る日も同じ一文が記されていました。「今日も、航海を続けた」。

やがてこのコロンブスの忍耐力が大きな実を結び、未知の大陸「アメリカ」を発見することができたのです。

逆境をじっと耐える力が、予想もしなかった大きな収穫をもたらします。

偉人たちの名言

人生で最も輝かしい時は、いわゆる栄光の時でなく、
むしろ落胆や絶望の中で人生への挑戦と未来への完遂の展望が
わき上がるのを感じたときだ。

［ フローベール ］　フランスの小説家 ｜ 1821 - 1880

すぐれた人間の大きな特徴は、
不幸で、苦しい状況にじっと耐え忍ぶこと。

［ ベートーヴェン ］　ドイツの作曲家 ｜ 1770 - 1827

すべてのものごとには終わりがある。したがって、
忍耐は成功を勝ち得る一つの手段である。

［ ゴーリキー ］　ロシアの小説家 ｜ 1868 - 1936

飼われない強さを

Strength of not being owned.

58

飼われない強さを

[沢庵宗彭《たくあんそうほう》] 江戸時代の僧 | 1573-1646

名声やお金に興味がなく、大徳寺の住職を三日で辞したという名僧・沢庵宗彭。江戸幕府が成立し、寺院に対する取り決めが厳しくなると、これに反発した彼は抗議書を提出しますが、その結果、流刑《るけい》罪となってしまいます。沢庵が57歳のときでした。流刑先では藩主や地元の農民に親しまれ、お布施の野菜がたくさんあったため、塩と糠《ぬか》で漬けて保存食にしました。これが「沢庵漬け」の始まりとされています。

また、沢庵の教えは魅力的で、多くの権力者から招きを受けました。しかし「言行正しきときは、権威とても、恐れ無し」の言葉通り、権力に媚びを売ることはありませんでした。そして1614年には彼の長年の訴えが実り、寺院法は旧式に戻されたのです。

どんな権威を前にしても、自分を曲げない強さを持ちましょう。

偉人たちの名言

自分にて自分の身を支配し、他に寄りすがる心なき
個人の独立があってこそ国家の独立がある。

[福沢諭吉] 教育者 | 1835-1901

きみは人生を安易にしたいか。それならば常に群衆の間にとどまれ。そして群衆といっしょになって、われを忘れよ。

[フリードリヒ・ニーチェ] ドイツの哲学者 | 1884-1900

独りで行くほうがよい。孤独《ひとり》で歩め。

[釈迦《しゃか》] 仏教の開祖 | BC7世紀-5世紀頃

バク然と生きない

Don't live an ambiguous life.

59

バク然と生きない

［ ガウタマ・シッダールタ（釈迦《しゃか》） ］ 仏教の開祖 ｜ 紀元前 7 世紀 - 5 世紀頃

釈迦族の王子として生まれたシッダールタは 19 歳で結婚しました。その後の十年間、いつの季節も歌や踊りを楽しみ、音楽を聴き、何不自由のない生活を続けました。しかしその間、シッダールタはいつも心を悩ませていたのです。「宮廷の栄華も、すこやかな肉体も、この若さも、いつか必ず失われるものだ。では、健康や若さ、生きていることに一体どんな意味があるのだろう」。そして 29 歳のとき、優雅な生活とすべての財宝を捨てて、出家することを決心したのです。それから彼は、六年の苦行を経て悟りを開き、多くの人を苦悩から救うことになりました。

「自分が本当に求めているものは何か？」と問い続けることが、人生の充実感を深めてくれます。

偉人たちの名言

一番大切なことは、単に生きることではなく、
善く生きることだ。

［ ソクラテス ］ 古代ギリシャの哲学者 ｜ BC469 頃 - 399

汝は生きるために食うべきで、
食うために生きるべきではない。

［ キケロ ］ 古代ローマの政治家 ｜ BC106 - 43

明日死ぬかのように生きよ。
永遠に生きるかのように学べ。

［ マハトマ・ガンディー ］ インドの弁護士・社会運動家 ｜ 1869 - 1948

LOVE

愛

愛サイ家でいこう

Be an ai-SAI-ka.

Note: "Ai-SAI-ka" refers to a husband who has deep love for his wife.
The satement above is a play on words as "SAI" means wife and also rhinoceros.

60

愛サイ家でいこう

［ ゲーテ ］ ドイツの劇作家 ｜ 1749 - 1832

『若きウェルテルの悩み』など、ゲーテは自身の恋愛体験を文学に昇華して作品を残しましたが、その相手は友人の婚約者や人妻などであり、いつも苦悩していました。そんなゲーテが妻として迎えたのは、造花工場で働く平凡な娘でした。結婚について、彼はこんな言葉を残しています。「自己の家庭で平和を見いだす者が、もっとも幸福な人間である」。単身赴任や出張で家を空けることの多かったゲーテですが、恋多き文豪は、妻が亡くなるまでの 28 年間を添い遂げ、亡くなったときには「わたしを置いていかないでくれ！」と泣き崩れたといいます。

　恋は刺激的で素晴らしいものですが、愛を育む人生の伴侶には敵《かな》いません。

偉人たちの名言

人の幸福の第一は家内の平和だ。家内の平和は何か。
夫婦が互いに深く愛するというほかはない。

［ 尾崎紅葉 ］ 明治時代の小説家 ｜ 1868 - 1903

夫婦とは二つの半分になるのではなく、
一つの全体になることだ。

［ フィンセント・ファン・ゴッホ ］ オランダの画家 ｜ 1853 - 1890

人生のいちばん楽しい瞬間は、誰にもわからない二人だけの言葉で、
誰にもわからない二人だけの秘密や楽しみを、
ともに語り合っている時である。

［ ゲーテ ］ ドイツの劇作家 ｜ 1749 - 1832

親孝行してる?

Are you being a dutiful child?

61 親孝行してる？

［ 豊臣秀吉 ］ 戦国時代の武将 ｜ 1537-1598

1582年、本能寺の変で織田信長が明智光秀に討たれると、身の危険を感じた豊臣秀吉の母、なかは身を隠すことにしました。秀吉が明智を倒して長浜城に戻ってくると、そこはもぬけの殻で家族は見当たりません。急いで家臣に情報を集めさせると、母は遠く離れた山奥の寺に隠れていると分かります。「今からすぐに行くぞ」秀吉はそう言って徹夜で馬を走らせ、翌日の夕方に再会を果たしました。そして再び城に戻るとき、道の険しいところでは、秀吉自ら70歳近い母を背負って運んだといいます。このように身内を大事にできる人物だったからこそ、彼を慕って優秀な人材が集まったのかもしれません。

日々の生活が忙しくても、両親への愛情と感謝を忘れないようにしましょう。

偉人たちの名言

親孝行はあらゆる行いの根本である。

［ 李《り》滉《こう》 ］ 李《り》氏《し》朝鮮の儒学者 ｜ 1501-1570

世界平和のためにできることですか？
家へ帰って、あなたの家族を愛してあげてください。

［ マザー・テレサ ］ インドの修道女 ｜ 1910-1997

王国を統治するよりも、
家庭内を治めることのほうがむずかしい。

［ モンテーニュ ］ フランスの思想家 ｜ 1533-1592

背負うから強くなる

Bearing a burden only makes you stronger.

62

背負うから強くなる

［ フローレンス・ナイチンゲール ］ イギリスの看護教育学者 ｜ 1820 - 1910

1854 年、イギリス本国にクリミア戦争の凄惨《せいさん》な状況が伝えられると、ナイチンゲールは看護婦総監督として 38 人の看護婦を率いて現地に向かいました。負傷兵たちの運び込まれる病院は不衛生極まりなく、多いときには 1 万 2000 人の患者がいたといいます。ナイチンゲールは、看護はもちろん、物資の調達や看護婦の指導、統計資料を作り医師や軍部に協力を求めながら、衛生指導や病院の設計にまで改善を促しました。夜になると彼女は 6km もある病院内をランプを持って見回り、兵士たちは彼女を「ランプを持った淑女」と呼び、その姿を見るだけで心が休まったといいます。

　重い責任を引き受けることは困難が伴いますが、その経験はあなたを大きく成長させてくれます。

偉人たちの名言

問題、困難に直面している時こそ、
内的な力が強くなるのです。

［ ダライ・ラマ 14 世 ］ チベット仏教の最高指導者 ｜ 1935 -

成長に必要なものは責任である。
あらゆるものがそこから始まる。

［ ピーター・ドラッカー ］ オーストリアの経済学者 ｜ 1909 - 2005

自分一人で石を持ち上げる気がなかったら、
二人でも持ち上がらない。

［ ゲーテ ］ ドイツの劇作家 ｜ 1749 - 1832

一人だとノリ。
二人だとノリノリ。

Being happy together is better than being happy alone.

63　一人だとノリ。二人だとノリノリ。

［ ジョン・レノン ］ イギリスのミュージシャン ｜ 1940-1980

［ ポール・マッカートニー ］ イギリスのミュージシャン ｜ 1942-

ジョン・レノンがアマチュアバンド『クオリーメン』を率いていたときは、歌詞を覚えられず適当にシャウトし、自作曲は一つも書き上げたことがなかったそうです。そこに変化をもたらしたのがポール・マッカートニーでした。彼がメンバーに加入すると、ジョンはポールに刺激されて曲作りを始めました。次第に彼らは一緒に作曲するようになり、最初の年だけでその数は 100 曲を超えました。ジョンはメロディーの初めのパートを作る才能がありましたがリズムが変わると行き詰まり、一方、ポールは曲の中心部分を得意としていました。こうして二人は互いの欠点を補い合い、後の『ビートルズ』として歴史に残る名曲を生み出していったのです。

　互いに能力を高め合える、素晴らしいパートナーとの出会いを求めましょう。

偉人たちの名言

人は自分自身については暗闇の中にいるのも同然です。
自分を知るには、他人の力が必要なのです。

［ カール・グスタフ・ユング ］ スイスの精神科医 ｜ 1875 - 1961

自分が自分自身に出会う、彼女が彼女自身に出会う、
お互いが相手の中に自分自身を発見する。
それが運命的な出会いというものだ。

［ 岡本太郎 ］ 芸術家 ｜ 1911 - 1996

“ いまだ ” というときに “ これだ ” と思う連中と “ これだ ”
ってことをやれば、とんでもないものができあがるんだ。

［ マイルス・デイヴィス ］ 米国のジャズトランペッター ｜ 1926 - 1991

自分より大切な人を持とう

Have people in your life more important than you.

64

自分より大切な人を持とう

［ 野口シカ ］ 野口英世の母 ｜ 1853-1918

黄熱病や梅毒の研究で偉大な業績を残した野口英世。彼は１歳の頃に大やけどを負い、左手の指が癒《ゆ》着《ちゃく》してしまいました。そのことに責任を感じた母・シカは「手が不自由なこの子に農業は向かない。なんとか学問で身を立たせてやりたい」と考え、学費を稼ぐために寝る間も惜しんで働きました。子どもを寝かせてから猪《い》苗代《なわしろ》湖へ出かけて小エビや雑魚を取ったり、他の仕事より稼ぎが良いという理由で、荷物を背負って 20 キロの冬山の道を行く仕事を始めました。英世が高等小学校を卒業するまでの 10 年間、彼女はこうした厳しい生活を続けたのです。

どれだけ困難な道のりも、愛する人のためであれば乗り越えることができます。

偉人たちの名言

人生には唯《ただ》一つだけ疑いのない幸福がある。
人のために生きることである。
［ レフ・トルストイ ］ ロシアの小説家 ｜ 1828 - 1910

どんな社会であっても、最良の投資は、
赤ん坊にミルクを飲ませることだ。
［ ウィンストン・チャーチル ］ イギリスの政治家 ｜ 1874 - 1965

勇気のある人間は、自分自身のことは
いちばんおしまいに考えるものだ。
［ フリードリヒ・フォン・シラー ］ ドイツの詩人 ｜ 1759 - 1805

ありがとうに
バリエーションを

Express gratitude in various ways.

65 ありがとうにバリエーションを

［ ロナルド・レーガン ］ 第 40 代米国大統領 ｜ 1911-2004

第 40 代米国大統領ロナルド・レーガンは、クリスマスなどの特別な日だけでなく、折りに触れ妻のナンシーに手紙を送りました。ナンシーの言葉によると、「彼の手紙は愉快で温かく、想像力に富んでいた。彼が遠くへ出かけるとさみしくてたまらなかったが、手紙が届くと周りのことは一切目に入らなくなり、手紙を読みふけった」。ナンシーとの金婚式を前にアルツハイマー病に冒され始めたレーガンは、まだ意識のある内に手紙を書きました。そして 2002 年 3 月 4 日の金婚式の日――すでにレーガンの意識は失われていましたが――ナンシーに渡された手紙には、こう書かれてありました。「ぼくの生涯ただひとりの女性へ。50 年では足りない。もっともっと君の幸せな夫でいさせてほしい――」

相手への愛情の深さを物語る、「伝え方」があります。

偉人たちの名言

深い思いやりから出る感謝の言葉をふりまきながら
日々を過ごす。これが友を作り、人を動かす極意である。

［ デール・カーネギー ］ 米国の著述家 ｜ 1888-1955

感謝しているのにそれを伝えないのは、プレゼントを
包んだのにそれを渡さないことと同じである。

［ ウィリアム・アーサー・ウォード ］ イギリスの哲学者 ｜ 1921-1994

この世界は食べ物に対する飢餓よりも、
愛や感謝に対する飢餓の方が大きいのです。

［ マザー・テレサ ］ インドの修道女 ｜ 1910-1997

動物たちの紹介

本書に登場した65種類の動物たちの生態と特徴です。それぞれが様々な特性を活かしながら、この地球上で生活しています。

01 コウテイペンギン
Emperor penguin

［分布］南極大陸の周辺
［生息環境］海辺、氷原
［体長・体重］100-130cm、20-45kg
［特徴］地上ではゆっくり歩くペンギンですが、水中では飛ぶように泳ぎ回っています。氷の上に上がるときは海中から高速で飛び出し、豪快に乗り上げます。

02 ヒグマ
Brown bear

［分布］北アメリカ北部・北西部、北ヨーロッパ、アジア
［生息環境］森林、山、草原
［体長・体重］2-3m、100-1000kg
［特徴］視力と聴力は人間ほどですが、嗅覚が非常に優れています。鼻先を突き合わせるように相手の臭いを嗅ぐことで挨拶をします。

03 ゴリラ
gorilla

［分布］中央アフリカ
［生息環境］森林
［体長・体重］1.3-1.9m、68-200kg
［特徴］普段はとても温和で繊細ですが、メスへの求愛時にはモックチャージと呼ばれる突進やドラミングと呼ばれる胸を叩く派手な行動をします。

04 ジャイアントパンダ
Giant panda

［分布］東アジア
［生息環境］森林、山
［体長・体重］1.6-1.9m、70-125kg
［特徴］腸や盲腸が短く栄養摂取の効率が低いため、一日の大半は竹を食べることに費やします。一日に500m以上歩くことは少なく、いつも同じ道を歩きます。

05 コツメカワウソ
Oriental short-clawed otter

［分布］南アジア、東アジア、東南アジア
［生息環境］川辺、海辺
［体長・体重］45-61cm、1-5kg
［特徴］平均寿命は13歳前後で、2歳で成熟してから10歳になるまで出産します。繁殖期を持たず、一年間に何度も出産します。

06 エボシカメレオン
Veiled chameleon

［分布］イエメン
［生息環境］森林
［体長・体重］45-60cm、150-300g
［特徴］危険がせまると体を大きく膨らませ、体色を変化させます。またゆっくりとした動きは木の葉などに擬態する効果があると言われています。

07 シマリス
Chipmunk

［分布］北アメリカ、北アジア
［生息環境］森林
［体長・体重］12-17cm、80-150g
［特徴］頬《ほお》の内側に「頬袋」と呼ばれる袋状の構造があり、柔軟性があるため食物を入れて運ぶことができます。運んだ食物を地面に埋めて隠すこともあります。

08 ライオン
Lion

［分布］アフリカ、南アジア
［生息環境］草原、砂漠
［体長・体重］1.7-2.5m、150-250kg
［特徴］縄張りを主張するために吠えますが、吠えるのはたいてい夜で、8km先からも聞こえます。低い声でゆっくりと吠え、最後に何度か短く唸るのが特徴です。

09 アカカンガルー
Red kangaroo

［分布］オーストラリア全域
［生息環境］森林、砂漠、草原
［体長・体重］1-1.6m、25-90kg
［特徴］カンガルーは昼寝をするときに、仰向けになったり片肘をついて横になるなど、人間と同じような体勢で寝ることがあります。

10 ザトウクジラ
Humpback whale

［分布］世界中の海
［生息環境］海中
［体長・体重］13-14m、25-30トン
［特徴］大きなジャンプはブリーチングと呼ばれます。ブリーチングする理由は謎で、身体の寄生虫を落とすため、コミュニケーションの手段、などの説があります。

11 アカシカ
Red deer

［分布］ヨーロッパから東アジアにかけて、北アメリカ
［生息環境］森林、草原
［体長・体重］1.5-2m、65-190kg
［特徴］普段、明け方と薄暮れに行動を活発化させますが、狩猟期には夜行性となります。また冬季には樹皮を食べたりします。

12 ガラパゴスゾウガメ
Galapagos tortoise

［分布］ガラパゴス諸島
［生息環境］陸地
［体長・体重］最大1.2m、200-300kg
［特徴］一日中ひっきりなしに草を食べていますが、滋養分のある果物などを見つけると、急いでそちらに向かいます。その速度は普通のリクガメの6倍以上です。

13 ボルネオオランウータン
Bornean orangutan

［分布］東南アジア（ボルネオ）
［生息環境］森林
［体長・体重］1.1-1.4m、40-80kg
［特徴］オランウータンはマレー語で「森の人」という意味です。哺乳類では人間の次に高い知能を持ち、訓練によって手話を使ったり、パズルを解くこともできます。

14 イリエワニ
Saltwater crocodile

［分布］アジア南東部、オーストラリア北部
［生息環境］川辺、海辺
［体長・体重］5-7m、450-1000kg
［特徴］淡水域の生態ピラミッドにおいて頂点に君臨しています。変温動物なので、日光浴のときに口を大きく開けて体温を上げます。

15 オオフラミンゴ
Greater flamingo

［分布］中央アメリカ、南アメリカ、カリブ海、南西ヨーロッパ、アジア、アフリカ
［生息環境］湿地帯、海辺
［体長・体重］1.5m、4kg以上
［特徴］しばしば冬に備えてより暖かい地方に渡ります。飛行速度は時速50kmで、その移動距離は500km以上とも言われています。

16 シマスカンク
Striped skunk

［分布］カナダ中央部からメキシコ北部
［生息環境］森林、都市部
［体長・体重］28-38cm、1.5-3kg
［特徴］危険を感じると背中を丸め、尾を持ち上げて威《い》嚇《かく》します。さらに、肛門の管からひどい臭いのする液体を飛ばしたりします。

17 シロイワヤギ
Mountain goat

［分布］カナダ西部、合衆国北部および西部
［生息環境］山、岩地、氷山
［体長・体重］1.2-1.6m、46-140kg
［特徴］生まれてすぐに母親に付いて歩き回ります。荒れた地形に適した特殊なひづめを駆使して、岩登りを覚えます。

18 フタコブラクダ
Bactrian camel

［分布］中央アジア
［生息環境］砂漠、ステップ地帯
［体長・体重］2.5-3m、450-690kg
［特徴］こぶにエネルギーと水分を補給することで、5～8日間何も食べなくても生きていけます。一日に60kmもの距離を歩きます。

19 カピバラ
Capybara

［分布］アフリカ北部、東部
［生息環境］草原、川辺
［体長・体重］1.1-1.3m、35-66kg
［特徴］温暖な気候に生息するカピバラは寒さに弱く、また冬場では肌が乾燥するため温泉に浸かります。入浴中は人間のように目を閉じて気持ちよさそうに見えます。

20 コアラ
Koala

[分布] オーストラリア東部
[生息環境] 森林
[体長・体重] 65-82cm、4-15kg
[特徴] 主食であるユーカリの葉は栄養価が低い上に毒素が強いため、それを消化するエネルギーを蓄えるために1日18～20時間の睡眠を取ります。

21 ゼニガタアザラシ
Harbor seal

[分布] 北大西洋、北太平洋
[生息環境] 海辺
[体長・体重] 120-200cm、50-170kg
[特徴] 嬉しいときにしっぽを上下に振ることがあります。短い前足には5本の指と爪があり、斜面や岩に這《は》い上がったり頭を掻《か》くときに使います。

22 シロイルカ
Beluga

[分布] 北極海
[生息環境] 海中
[体長・体重] 4-5.5m、1-1.5トン
[特徴] とても社交的な動物で、前頭部にあるメロンと呼ばれる脂肪組織を使って、コミュニケーションを行います。メロンの形状は自分の意思で変えることができます。

23 カバ
Hippopotamus

[分布] アフリカの赤道付近
[生息環境] 水中、川辺
[体長・体重] 2.7-3.5m、2.5-3.5トン
[特徴] 頭や身体に鳥が乗っている光景が見られますが、カバの皮膚は繊細なので、皮膚病や感染症の原因になる寄生虫を食べてくれる鳥を歓迎しています。

24 イノシシ
Wild boar

[分布] ヨーロッパ、アジア、北アフリカ
[生息環境] 森林、川辺
[体長・体重] 0.9-1.8m、最大200kg
[特徴] 子どもの背中にある白い縞《しま》模様は、藪《やぶ》の中のカムフラージュのためです。成長して必要がなくなると縞は消えます。

25 ハムスター
Hamster

[分布] ヨーロッパからアジア
[生息環境] 砂漠、草原、森林
[体長・体重] 種類によって、7-20cm、30-150g
[特徴] 聴覚が発達しているので、物音がすると立ち上がって耳を開いて固まったり、自分の寝声に驚いて飛び起きたりします。

26 ワカケホンセイインコ
Rose-ringed parakeet

[分布] アフリカ西部から東部、アジア南部
[生息環境] 森林、砂漠
[体長・体重] 40cm、125g
[特徴] 好奇心が旺盛で遊び好きです。また多数の言語を覚え、ワカケダンスと呼ばれる踊りのような特有の仕草をするので、ペットとして人気があります。

27 ラッコ
Sea otter

[分布] 北太平洋沿岸
[生息環境] 海辺、海中
[体長・体重] 55- 130cm、21-28kg
[特徴] ラッコの前足は毛が生えてないため体温が奪われやすく、水上に出していることが多いです。食後には前足を使って体毛の手入れをします。

28 アマガエル
Tree frog

[分布] 世界各地
[生息環境] 森林、川辺、都市部
[体長・体重] 3-10cm、2-120g
[特徴] 後足の跳躍で、敵から逃げたり虫を捕まえたりします。水中で過ごす種には水かきが、樹上で生活する種には吸盤がついています。

29 トラ
Tiger

[分布] 南アジア、東アジア
[生息環境] 森林、熱帯雨林、山
[体長・体重] 1.4-2.8m、100-300kg
[特徴] 体の縞模様は茂みに身を隠す際、輪郭をぼかす効果があると言われ、その狩りは臆病なほど慎重に行われます。

30 / プレーリードッグ

Prairie dog

［分布］アメリカ中央部
［生息環境］草原
［体長・体重］30-40cm、0.7-1.7kg
［特徴］基本は草食性でスゲ・カヤといったイネ科の草を食べて生きています。しかし、同じものばかり食べると味に飽きたり、好みが変化することがあります。

31 / ロドリゲスオオコウモリ

Rodriguez flying fox

［分布］インド洋の島
［生息環境］森林
［体長・体重］35cm、250-275g
［特徴］足の爪がカギ状になっており、枝などにぶら下がりやすいです。飛膜は腕と指を伸ばすことで翼になり、曲げれば折りたたむことができます。

32 / サバンナシマウマ

Plains zebra

［分布］東アフリカからアフリカ南部
［生息環境］草原
［体長・体重］2-2.5m、175-385kg
［特徴］白黒の模様は、霊長類以外の哺乳類が遠くから見た場合に、草原の模様に紛れて判別されにくいと言われています。

33 / カタツムリ

Snail

［分布］世界各地
［生息環境］森林、草原、山、都市部
［体長・体重］種類によって、1mm-20cm、1-1000g
［特徴］陸上で進化したので肺呼吸をします。時速6m程度の速さで、後ろから前に波打つようにして歩く「進行波」で移動します。

34 / エリマキトカゲ

Frilled lizard

［分布］ニューギニア南部、オーストラリア北部
［生息環境］森林、草原
［体長・体重］60-70cm、0.5kg
［特徴］襟状の皮膚を広げるのは求愛のときと威嚇のときです。敵が自分より強いと分かると、襟を広げたまま逃げることもあります。

35 / アカギツネ

Red fox

［分布］北極をはじめとした世界各地
［生息環境］森林、山、砂漠、極地帯、都市部
［体長・体重］58-90cm、3-11kg
［特徴］巣穴は岩や根の隙間、納屋の軒下などの隠れたところにあります。捕食動物と平和的に巣穴を共有することもあります。

36 / オコジョ

Stoat

［分布］北アメリカ、グリーンランド、ヨーロッパ、北アジア、東アジア
［生息環境］森林、山、極地帯
［体長・体重］17-24cm、60-200g
［特徴］イタチ科の中でオコジョの後足は比較的長く、強力な跳躍力を持ちます。その後足を使って立ち上がり、頻繁に辺りをうかがいます。

37 / ブチハイエナ

Spotted hyena

［分布］西アフリカから東アフリカ、アフリカ南部
［生息環境］山、砂漠、草原
［体長・体重］1.3m、62-70kg
［特徴］強力な頭骨と顎、消化器官を持っているため、他の動物が食べ残した骨を噛み砕き消化吸収することができます。また、俊足を使って自ら狩りもします。

38 / ダチョウ

Ostrich

［分布］アフリカ西部から東部
［生息環境］サバンナ、砂漠、草原
［体長・体重］2.1-2.8m、100-160kg
［特徴］大きな翼を持っていますが空は飛べません。その代わりに足が非常に速く、また、視力、聴力が優れています。

39 / ブタ

Pig

［分布］世界各地
［生息環境］家畜
［体長・体重］品種によるが、1-2m、100-200kg
［特徴］知能が高く、教え込めば芸も覚え、自分の名前も認識します。また清潔を好み、排泄する場所は餌場や寝床から離れた一ヵ所に決める習性があります。

40 ヒツジ
Sheep

[分布] 世界各地
[生息環境] 家畜
[体長・体重] 品種によるが、110-200cm、45-160kg
[特徴] ヒツジは群れたがる性質を持っており、群れから引き離されると強いストレスを感じます。そのせいか、最初に動いた個体の動きに従う傾向があります。

41 ハリネズミ
Hedgehog

[分布] ヨーロッパ、アフリカ、中近東、東アジア
[生息環境] 森林、草原
[体長・体重] 種類によって、17-25cm、250-700g
[特徴] 針のようなトゲは、体毛の一本一本がまとまって硬化したものです。これによって外敵から身を守ります。

42 レッサーパンダ
Lesser panda

[分布] 南アジアから東南アジア
[生息環境] 森林、山
[体長・体重] 50-64cm、3-6kg
[特徴] 臭腺から出る臭いを使ってマーキングし、縄張りを主張します。短い笛のような鳴き声や金切り声でコミュニケーションを取ります。

43 アジアゾウ
Asian elephant

[分布] 南アジア、東南アジア
[生息環境] 森林、山
[体長・体重] 最大3.5m、2-5トン
[特徴] ゾウの鼻は「5番目の足」として、草をつかんだり木を倒したり、水や砂を吹き上げるのに使われます。訓練によって絵筆も操れます。

44 コシグロペリカン
Australian pelican

[分布] オーストラリア、タスマニア
[生息環境] 川辺、海辺
[体長・体重] 150-190cm、4-6.8kg
[特徴] 40～50cmのくちばしを持ちます。くちばしの下側は伸縮自在で、最大で13ℓ分もの食料を含むことができます。

45 アライグマ
Common raccoon

[分布] カナダ南部から中央アメリカ
[生息環境] 草原、森林、都市部
[体長・体重] 40-65cm、3-8kg
[特徴] 器用な前足で、食料についた土を払ったり水場で洗ったりします。また、木に登る、土を掘る、ドアを操作する、などができます。

46 ウシ
Cattle

[分布] 世界各地
[生息環境] 家畜
[体長・体重] 品種によるが、1.3-1.7m、0.45-1.8トン
[特徴] 牛はリーダーを中心に群れを作ります。新しい牛が入ると角を突き合わせて争い、リーダーが決まると群れは再び落ち着きを取り戻します。

47 インドクジャク
Indian peafowl

[分布] アジア南部
[生息環境] 森林
[体長・体重] 1.8-2.3m、4-6kg
[特徴] オスはきれいな目玉模様の入った飾り尾を持ち、それを広げて揺らしながら求愛します。広げた尾は全体長の6割を超える大きさにまで達します。

48 チャクマヒヒ
Chacma baboon

[分布] アフリカ南部
[生息環境] 山、砂漠、森林、川沿い
[体長・体重] 60-82cm、15-30kg
[特徴] 地上で生活し、複雑な配偶システムを持つ高度な社会を形成します。野生では小枝などの道具を使うことも知られています。

49 ペキンアヒル
Peking duck

[分布] 世界各地
[生息環境] 家禽、池、沼地、川辺
[体長・体重] 50-80cm、3-5kg
[特徴] ヒナのときは黄色ですが、成長するにつれて羽が生え変わり、やがて白くなります。また水鳥であるため、水浴びを好みます。

50 アルパカ
Alpaca

[分布] 南アメリカ西部
[生息環境] 家畜、草原
[体長・体重] 約 2m、50-55kg
[特徴] 好奇心が旺盛ですが、驚きやすい性格です。過酷な自然環境で生き抜くために、保湿性の高い細い毛を持っています。毛は刈り取られるまで伸び続けます。

51 アメリカワシミミズク
Great horned owl

[分布]北・中央・南アメリカ
[生息環境] 森林、山
[体長・体重] 50-60cm、675-2500g
[特徴] 目に色覚はありませんが、感度の高い細胞が多いため、暗闇でも物を見分けることができます。子育ての時期や天敵の少ない所では昼間でも狩りをします。

52 ウマ
Horse

[分布] 世界各地。原産は北アメリカ大陸
[生息環境] 草原、山
[体長・体重]品種により異なるが、80-200cm、30-1000kg
[特徴] 好物はニンジンとされていますが、あくまでおやつやごほうびであり、主食は干し草で、一日に 10kg 以上食べます。

53 アメリカビーバー
American beaver

[分布] 北アメリカ
[生息環境] 湿地帯、川辺
[体長・体重] 74-88cm、11-26kg
[特徴] ビーバーは人間以外で周囲の環境を作り変える唯一の動物と言われています。大きく丈夫な切歯を持つため、直径 15cm の木を 10 分で倒すことができます。

54 コキサカオウム
Citron-crested cockatoo

[分布] インドネシア
[生息環境] 森林
[体長・体重] 35cm、450g
[特徴] 頭にある濃い黄色のトサカは「冠羽」と呼ばれます。普段、冠羽は寝かされていますが、警戒時や興奮したときなどに立てられます。人によく慣れ、モノマネが上手です。

55 ミユビナマケモノ
Three-toed sloth

[分布]南アメリカ、中央アメリカ
[生息環境] 森林
[体長・体重]50-60cm、4kg
[特徴] 一生のほとんどを樹にぶら下がって過ごし、降りるのは週に一度、排泄のときだけです。自毛に苔が生えることがありますが、それも食用とします。

56 ニワトリ
Chicken

[分布] 世界各地
[生息環境] 家禽
[体長・体重] 80cm、0.5-1.5kg
[特徴] ニワトリはヒヨコに直接食料を与えませんが、生まれた子はすぐ親と共に食料を探し始めます。子連れのニワトリは危険を感じると羽を逆立てて威嚇します。

57 ハシビロコウ
Shoebill

[分布] 中央アフリカ
[生息環境] 湿地帯、川辺
[体長・体重] 1.1-1.4m、4.5-6.5kg
[特徴] 獲物を狙うハシビロコウは、数時間にわたってほとんど動きません。水辺でじっと待ち、魚が水面に上がって来たのを狙って捕まえます。

58 タイリクオオカミ
Gray wolf

[分布] 北アメリカ、グリーンランド、ヨーロッパ、アジア
[生息環境] 森林、山、極地帯
[体長・体重] 1-1.5m、16-60kg
[特徴] 成熟した子供たちは群れを離れ、一匹狼となります。縄張りを守るために遠吠えをし、10km 先にもその声は届きます。

59 マレーバク
Malayan tapir

[分布] 東南アジア
[生息環境] 森林
[体長・体重] 1.8-2.5m、250-540kg
[特徴] 過去 3500 万年もの間ほとんど変化していないため、“生きている化石”と呼ばれます。バクの仲間はすべて絶滅危惧種に指定されています。

60 シロサイ
White rhinoceros

[分布] 西アフリカ、東アフリカ、アフリカ南部
[生息環境] 草原
[体長・体重] 3.3-4.2m、1.4-3.6 トン
[特徴] 基本は単独行動ですが、家族で生活することもあります。サイは視力が弱いので、角を突き合わせ、匂いと鼻息で求愛します。

63 キリン
Giraffe

[分布] アフリカ
[生息環境] 草原
[体長・体重] 3.8-4.7m、0.6-1.9 トン
[特徴] キリンは 2 ～ 10 頭程度の群れで生活します。群れにはクレイシと呼ばれる保育所のようなグループがあり、大人たちが交代で子供の世話をします。

61 ミーアキャット
Meerkat

[分布] アフリカ南部
[生息環境] 砂漠、草原
[体長・体重] 25-35cm、600-975g
[特徴] 社会性が高く、30 匹にもなるコロニーを作って共同生活をします。コロニーには繁殖活動をせず、子守や授乳、教育を担当するメンバーもいます。

64 ホッキョクグマ
Polar bear

[分布] 北極、カナダ北部
[生息環境] 海辺、氷山
[体長・体重] 2.1-3.4m、400-680kg
[特徴] 生まれたばかりの子熊の体重は 600g 程度。外の厳しい環境に耐えられる大きさ（約 10kg）に育ってから、母親の後について巣の外に出ます。

62 ロバ
Donkey

[分布] 世界各地。原産はソマリアやエジプト等の北アフリカ
[生息環境] 家畜
[体長・体重] 2-2.5m、200-260kg
[特徴] 紀元前 3000 年頃のノロバが家畜化され、現在のロバになったと言われています。輸送を担う動物として重宝されてきました。

65 ウサギ
Rabbit

[分布] 原産はヨーロッパ南西部、アフリカ北西部
[生息環境] 草原
[体長・体重] 34-50cm、1-2.5kg
[特徴] 体全体で感情を表現します。かまってほしいときは鼻先でつついたり、舐めたりします。鼻を鳴らすのは楽しいときです。

写真提供

123RF ……… 2, 8, 9, 10, 14, 15, 18, 20, 31, 33, 35, 39, 41, 47, 51, 54, 59, 60
gettyimages ……… 3, 6, 7, 12, 17, 21, 25, 27, 34, 36, 44, 45, 48, 49, 61, 62, 63, 64
shutterstock ……… 4, 22, 26, 28, 29, 42, 57
iStockphoto ……… 11, 16, 30, 37, 43, 53, 58
Pixta ……… 5, 19, 24, 32, 50
amana ……… 1, 23, 52, 65
corbis ……… 38, 40, 46, 56
fotolia ……… 13, 55

参考文献　※順不同

『人を動かす［名言・逸話］大集成』鈴木健二 篠沢秀夫 監修　講談社

『一日一話活用事典：人を動かす』講談社

『世界人物逸話大事典』朝倉治彦 三浦一郎 編　角川書店

『決定版 心をそだてるはじめての伝記 101 人』講談社

『あの偉人たちを育てた子供時代の習慣』木原武一　PHP 研究所

『偉人たちの意外な「泣き言」』造事務所 編著　PHP 文庫

『にっぽん企業家烈伝』村橋勝子　日本経済新聞社

『創造の狂気ウォルト・ディズニー』ニール・ゲイブラー 著　中谷和男 訳　ダイヤモンド社

『ウォルト・ディズニー すべては夢見ることから始まる』PHP 研究所編　PHP 研究所

『図説エジソン大百科』山川正光　オーム社出版局

『快人エジソン：奇才は 21 世紀に甦る』浜田和幸　日本経済新聞社

『ケネディ：「神話」と実像』土田宏　中央公論新社

『ゲバラ最期の時』戸井十月　集英社

『坂本龍馬のすべてがわかる本　敵さえも味方につけた男のすごさ』風巻絃一　三笠書房

『スティーブ・ジョブズ 神の交渉力：このやり口には逆らえない！』竹内一正　経済界

『スティーブ・ジョブズ 神の遺言』桑原晃弥　経済界

『ソクラテス・イエス・ブッダ：三賢人の言葉、そして生涯』フレデリック・ルノワール 著　神田順子 清水珠代 山川洋子 訳　柏書房

『逆風野郎！：ダイソン成功物語』ジェームズ・ダイソン 著　樫村志保 訳　日経 BP 社

『沢庵和尚心にしみる 88 話』牛込覚心 編著　国書刊行会

『ビートルズ：世界をゆるがした少年たち』正津勉　ブロンズ新社

『本田宗一郎 夢を力に：私の履歴書』本田宗一郎　日本経済新聞社

『人生を幸せへと導く 13 の習慣』ベンジャミン・フランクリン 著　ハイブロー武蔵 訳・解説　総合法令出版

『マーク・ザッカーバーグ史上最速の仕事術』桑原晃弥　ソフトバンククリエイティブ

『マイケル・ジョーダン物語』ボブ・グリーン 著　菊谷匡祐 訳　集英社

『マリリン・モンローという生き方』山口路子　新人物往来社

『棟方志功：わだばゴッホになる』棟方志功　日本図書センター

『モハメド・アリ：その闘いのすべて』 デイビット・レムニック 著　佐々木純子 訳　阪急コミュニケーションズ

『世界でいちばん愛しい人へ：大統領から妻への最高のラブレター』ロナルド・レーガン　ナンシー・レーガン著　金原瑞人 中村浩美 訳　PHP 研究所

『思いやりのこころ』木村耕一 編著　1 万年堂出版

『新装版 親のこころ』木村耕一 編著　1 万年堂出版

『新装版 親のこころ 2』木村耕一 編著　1 万年堂出版

『ことばのご馳走 4』金平敬之助　東洋経済新報社

『どこまで本気！？世界の暴言・失言コレクション』暴言失言協議委員会 編　リイド社

『わが出会い、想いのスターたち』淀川長治　毎日新聞社

『5分で「やる気」が出る賢者の言葉：「プチ鬱」から抜け出す33の技術』齋藤孝　小学館
『100 Inc.』エミリー・ロス アンガス・ホランド 著　宮本喜一 訳　エクスナレッジ
『この人についていきたい、と思わせる21の法則：成功者に学ぶ人間力の磨き方』ジョン・C・マクスウェル 著　弓場隆 訳　ダイヤモンド社
『小さく賭けろ！世界を変えた人と組織の成功の秘密』ピーター・シムズ 著　滑川海彦 高橋信夫 訳　日経BP社
『夢を実現する戦略ノート』ジョン・C・マクスウェル 著　齋藤孝 訳　三笠書房
『「戦う自分」をつくる13の成功戦略』ジョン・C・マクスウェル 著　渡邉美樹 監訳　三笠書房
『COURRiER Japon』2012.9, 2014.2　講談社
『THE21』2009.11　PHP研究所
『Men's NON-NO』2012.12　集英社
『月間陸上競技』2003.11　講談社／陸上競技社
『フォーブス 日本版』1999.4　ぎょうせい

『世界名言大辞典』梶原健 編著　明治書院
『世界名言・格言辞典』モーリス・マルー 編 島津智 訳　東京堂出版
『世界名言集』岩波文庫編集部　岩波書店
『成語林 別冊 世界の名言・名句』旺文社
『世界名言全書第一巻 幸福と希望と人生』河盛好蔵 編　創元社
『愛蔵版 座右の銘』「座右の銘」研究会 編　メトロポリタンプレス
『教養が滲み出る 極上の名言1300』斎藤茂太 監修　日本文芸社
『人生の指針が見つかる 座右の銘1300』別冊宝島編集部 編　宝島社
『世界を動かした名言』J・B・シンプソン 著　隅部まち子 訳　野末陳平 監修　講談社
『NHKテレビギフト E名言の世界 2010年4月号』日本放送出版協会
『NHKテレビギフト E名言の世界 2010年5月号』日本放送出版協会
『NHKテレビギフト E名言の世界 2010年6月号』日本放送出版協会
『NHKテレビギフト E名言の世界 2010年7月号』日本放送出版協会
『人の心を動かす「名言」』石原慎太郎　KKロングセラーズ
『フォー・リーダーズ』和田秀樹 監修　ウェスロバーツ著　渡会圭子 訳　祥伝社
『アメリカ・インディアンの書物よりも賢い言葉』エリコ・ロウ　扶桑社
『世界動物大図鑑』デイヴィッド・バーニー 日高敏隆 編　ネコ・パブリッシング

参考ウェブサイト

名言ナビ　http://www.meigennavi.net/
名言DB　http://systemincome.com/
ウェブ石碑名言集　http://sekihi.net/
座右の銘にしたい名言集　http://za-yu.com/

水野敬也　みずの けいや

愛知県生まれ。慶応義塾大学経済学部卒。著書に『夢をかなえるゾウ』『夢をかなえるゾウ2　ガネーシャと貧乏神』『人生はニャンとかなる！』『人生はワンチャンス！』『それでも僕は夢を見る』（画・鉄拳）『ウケる技術』『四つ話のクローバー』『雨の日も、晴れ男』『大金星』などがある。恋愛に関する講演、執筆は恋愛体育教師・水野愛也として活動し、著書に『ＬＯＶＥ理論』『スパルタ婚活塾』、講演ＤＶＤ『スパルタ恋愛塾』がある。また、ＤＶＤ作品『温厚な上司の怒らせ方』の企画・脚本や、映画『イン・ザ・ヒーロー』の脚本を手掛けるなど活動は多岐にわたる。

公式ブログ「ウケる日記」 http://ameblo.jp/mizunokeiya/
Twitter アカウント　@mizunokeiya

長沼直樹　ながぬま なおき

日本大学芸術学部卒。著書にシリーズ累計125万部を突破した『人生はワンチャンス！』『人生はニャンとかなる！』（ともに文響社、共著）がある。

公式ブログ「n_naganumaの日記」 http://d.hatena.ne.jp/n_naganuma/
Twitter アカウント　@n_naganuma

人生はZOO《ず—》っと楽しい！　毎日がとことん楽しくなる65の方法

2014年11月25日　第1刷発行

著者	水野敬也　長沼直樹
協力	坪井卓　Ji Soo Chun　Kevin Newman
リサーチ	水越悠美子
スタッフ	中馬崇尋　大場君人　芳賀愛　須藤裕亮　古川愛　前川智子 清村菜穂子　菅原実優　下松幸樹　谷綾子　大橋弘祐　林田玲奈
装丁	寄藤文平　北谷彩夏
イラスト	北谷彩夏
発行者	山本周嗣
発行所	株式会社 文響社 〒105-0001　東京都港区虎ノ門1-11-1 電話　03-3539-3737　ホームページ　http://bunkyosha.com/
印刷・製本	日本ハイコム株式会社

ISBN コード　978-4-905073-09-3　Printed in Japan
この本に関するご意見・ご感想をお寄せ頂く場合は、郵送またはメール（info@bunkyosha.com）にてお送りください。